René Martin

Excel nervt ... immer noch

Noch eine Liebeserklärung an Microsoft Excel

René Martin

Excel nervt ...
immer noch

Noch eine Liebeserklärung
an Microsoft Excel

Bibliografische Information der Deutschen Nationalbibliothek:
Die Deutsche Nationalbibliothek verzeichnet diese Publikation in der
Deutschen Nationalbibliografie;
detaillierte bibliografische Daten sind im Internet über http://dnb.dnb.de abrufbar.
© 2018 René Martin
Illustration: René Martin
Satz: René Martin
Herstellung und Verlag: BoD – Books on Demand, Norderstedt
ISBN: 978-3-7460-8079-6

Inhaltsverzeichnis

1 Vorwort

Ich hätte nicht gedacht, dass der Blog so einschlägt.

Anfang 2015 kam ich auf die Idee, die Internetseite „excel-nervt.de" einzurichten. Der Hintergrund: Seit 1990 unterrichte ich Softwareprodukte – im Wesentlichen Microsoft Office Anwendungsprogramme, aber auch Grafikprogramme, Programmiersprachen, Internettechnologien. Und programmiere Lösungen für verschiedene Firmen. Seit Anfang der 90er Jahre habe ich mich mit Excel beschäftigt. Ich liebe Excel, ich unterrichte diese Tabellenkalkulation sehr oft und programmiere auch damit oder darin – das heißt: mit VBA oder VB.NET greife ich darauf zu. Doch, doch, ich liebe Excel wirklich! Excel ist ein tolles, cleveres Programm, das ich auch für viele Dinge im geschäftlichen und privaten Bereich einsetze. Ich muss Ihnen sicherlich nicht erzählen, dass es Hunderte von Newsgroups, Excel-Seiten, Hilfen, … gibt: als Bücher, DVDs, Online-Videos, Internetforen, … Viele dieser Seiten und Gruppen sind wirklich klasse – auch ich habe dort eine Menge gelernt.

Umgekehrt: In Schulungen stelle ich immer wieder fest, dass Anfänger, aber auch Profi-Anwender sich häufig mit Excel schwertun. Einige Dinge erschließen sich nicht von alleine. Einige Sachen sind schräg übersetzt. Inkonsistent aufgebaut. Merkwürdig angelegt. Sehr versteckt. Natürlich gibt es auch Grenzen von Excel (ich wünsche mir immer noch, dass mein Excel auch meine Wohnung putzt, meine Hemden bügelt und mir Kaffee kocht und dann an den Schreibtisch bringt). Im Ernst: Das eine oder eine verwirrt, verblüfft, verärgert. Dem Profi ringt das Programm sicherlich ein wissendes Lächeln ab, dem Anwender dagegen Erstaunen und Erbosen.

Ich war verwundet, dass noch niemand auf die Idee gekommen ist, diese „dunklen Seiten" von Excel zu sammeln. Also habe ich mich auf den Weg gemacht, Dinge zusammenzutragen, die meine Teilnehmer und mich irritieren. Oder Fragen, die ich per Mail erhalten habe. Oder Dinge, die mich den Kopf schütteln lassen. Ich würde mir gerne ein Gespräch mit Verantwortlichen von Microsoft wünschen – tja.

Und nachdem ich nach einem Jahr fast 500 Einträge in meinem Blog hatte – eine Seite, die jeden Tag zwischen 1.000 und 5.000 Zugriffe hat – kamen mehrmals Anfragen, ob man diese Informationen auch als gedrucktes Werk nach Hause tragen könne. Diesem Wunsch bin ich nachgegangen.

Ich habe im Jahr 2016 sämtliche Beiträge der Seite des Jahres 2015 veröffentlicht – man kann sie käuflich erwerben durch das Buch „Excel nervt" (ISBN: *978-3-7392-3167-9)*. Es ist auch als e-book erhältlich. Im Jahre 2017 folgten die Texte des Vorjahres: „Excel nervt schon wieder" (ISBN: 978-3-7431-8254-7). Die Cover der beiden Bücher sehen Sie auf Seite 195. Und nun halten Sie die dritte Fortsetzung der Bände in der Hand – das heißt: die Beiträge des Jahres 2017. Wieder als Buch. Diesmal nicht ganz so viele Artikel wie in den Jahren davor. Außerdem habe ich darauf verzichtet, die Tastenkombinationen von Excel erneut abzudrucken. Dennoch: genug fürs Erste.

Zugegeben: da die einzelnen Artikel über einen längeren Zeitraum geschrieben wurden, finden sich natürlich einige sprachliche Inkonsistenzen darin. Um den Preis des Buches nicht in die Höhe zu treiben, habe ich auf ein professionelles Lektorat und auf einen Korrektor verzichtet. Das heißt – obwohl ich alle Texte noch einmal auf Fehler durchgeschaut habe, sind möglicherweise noch einige Tippfehler (oder auch Rechtschreibfehler, sprachliche Fehler, Gedankenfehler, …) im Text. Dafür möchte ich mich an dieser Stelle entschuldigen.

Die Sprache de Leserbriefe, die hier anonymisiert abgedruckt wurden, habe ich nicht verändert.

Umgekehrt: Ich habe all diese Glossen, Seitenhiebe und Gedanken immer mit einem Schmunzeln geschrieben. Wir alle machen Fehler. Und darüber kann man auch mal lächeln. Und so wünsche ich Ihnen viel Spaß und Vergnügen beim Lesen dieser Texte

René Martin

München, im Februar 2019

PS: Sie finden diese und weitere Texte der Jahre 2015 und 2016, aber auch von 2018 unter www.excel-nervt.de

2 Alles ist weg

2.1. „Leeres Excel"

Ich bin verwirrt: Seit einer Weile startet mein Excel „leer". Also ohne Datei. Ich muss jetzt jedes Mal eine neue Datei öffnen. Warum denn das? Und vor allem: Wie schalte ich es wieder ab?

Die Antwort finden Sie in der Registerkarte „Ansicht". Wenn Sie dort auf das Symbol „Einblenden" klicken, werden sämtliche Dateien aufgelistet, die mit Excel geladen wurden, aber ausgeblendet sind. Dazu gehört die PERSONAL.XLSB, aber auch eine (oder mehrere) Sicherheitskopie(n) davon.

Blenden Sie die Datei PERSONAL.XLSB ein, klicken Sie auf Speichern unter, um den Speicherpfad dieser Datei zu ermitteln. Beenden Sie Excel, wechseln im Windows-Explorer in den entsprechenden Pfad und löschen diese „Sicherheitskopien". Dann wird Excel wieder korrekt gestartet.

2.2. Fehlende Zeilen

Heute musste ich schmunzeln.

Excelschulung: Einführung in Excel. Ich zeige, wie man eine Zeile löscht.

Ein Teilnehmer meldet sich und sagt, dass bei ihm am Arbeitsplatz die Zeilennummern Lücken aufweisen. Dass es Kollegen hinbekommen haben, die fortlaufende Nummerierung zu durchbrechen.

Ich schaue ihn erstaunt an und erwidere, dass das nicht geht. Beim Löschen einer Zeile werden nachfolgende Zeilen „nach oben geschoben". Die Nummerierung bleibt.

Ich frage ihn, ob sie vielleicht Zeilen ausgeblendet haben. Er verneint.

Am Nachmittag üben wir wie man filtert. Ich zeige den Autofilter.

Der Teilnehmer strahlt und freut sich: „ich glaube, ich weiß jetzt, warum Zeilennummern fehlen. Die haben einen Filter eingeschaltet."

3 Dateneingabe

3.1. Mehrfach kopieren

Hallo Herr Martin,

ich möchte in einer Tabelle einen Bereich (hier: die Haltestellen) mehrfach einfügen. Ich finde aber leider diesen Befehl nicht:

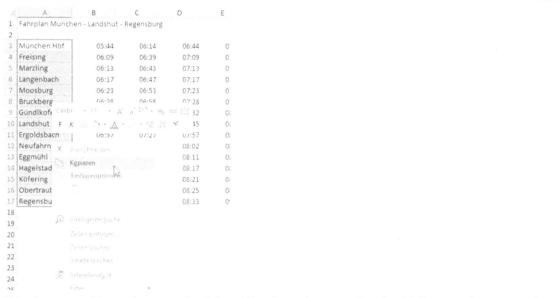

Die Antwort: Den gibt es auch nicht. Allerdings können Sie die Zellen markieren und am Kästchen runterziehen. Damit erreichen Sie auch eine Vervielfältigung.

3.2. Keine Aufzählungszeichen ?!?

Samstag Abend auf einer Party. Natürlich kommt das Gespräch auch auf Excel.

„Warum hat Excel eigentlich keine Bullets, keine Aufzählungszeichen", will ein Bekannter wissen. Stimmt – Excel hat keine Aufzählungszeichen wie Word, PowerPoint oder Visio. Braucht man das wirklich, will ich wissen.

Ich überlege: Man könnte in einer Hilfsspalte ein Sonderzeichen einfügen:

Nicht elegant, aber effektiv.

Natürlich kann man die Zeichen auch mit einem „normalen" Zeichen der gleichen Schrift verketten. Aber: braucht man das wirklich?

Er erklärt mir: „Wenn ich vor eine Liste einen Strich mache, dann will Excel das nicht." Aha! – Dann erkläre ich ihm, dass er ein Apostroph davor setzen muss. Dann klappt es.

Manchmal denke ich zu kompliziert.

Übrigens: Aufzählungen sind auch in Excel manchmal praktisch… ich gehe dann immer über ein Benutzerdefiniertes Format und gebe „• „@ ein – den Punkt erhält man mit [Alt] + 7 (Nummernblock).

Noch geschickter: in die Zellformatvorlagen… diese dann als leere Vorlage abspeichern, dann hat man die Aufzählungszeichen immer zur Verfügung.

Ach und ganz vergessen: richtig „professionell" sieht es erst dann aus, wenn man die Zellformatvorlage auch noch ausrichtet:

Hoizontal: Links (Einzug) und Einzug: 1 oder 2 (je nach Geschmack)

Danke an Broken Spirits für den Hinweis

3.3. Blattlöschen – verboten!

„Warum darf ich in der einen Datei keine Blätter löschen?" fragte heute eine Teilnehmerin in der Excel-Schulung.

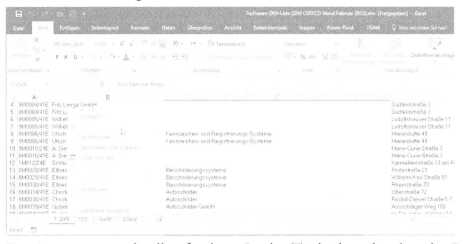

Die Antwort war schnell gefunden: „In der Titelzeile steht, dass die Datei freigegeben wurde. Da mehrere Personen zur gleichen zeit darauf zugreifen können, wurde diese Funktion deaktiviert."

3.4.   Namen mit [F3]

Ich gestehe: ich weiß auch nicht alles.

Noch schlimmer: manchmal bin ich fest davon überzeugt, dass etwas nicht geht. Und dann geht es doch.

Heute hat mich folgende Mail erreicht:

„Hallo Herr Dr. René Martin,

im Video ‘2599_02_05-datenüberpruefung_nutzen.mp4‘ sagten Sie:

Achtung, wenn Sie mit Namen arbeiten, müssen Sie genau wissen, wie die Namen geschrieben werden, weil innerhalb der Datenüberprüfung haben Sie keine Möglichkeit festzustellen, wie heißt der Name nochmal – es gibt hier keine Auswahlliste, an der sie erkennen können, wie der Name geschrieben wurde.

Das ist so nicht korrekt, denn wenn der Cursor im Feld ‚Quelle‘ steht, bringt die F3-Tasste alle definierten Workbooks-Namen zum Vorschein und man kann auswählen.

Gruß von Luschi

Aus klein-Paris“

Danke an Luschi. Und ich habe wieder etwas gelernt.

3.5.   Merkwürdige Zeichen in Excel

Amüsant: In Visio werden in Shapes ein paar Felder eingefügt. Diese Informationen werden mit VBA nach Excel exportiert:

Das Ergebnis: Zeichen, die ich noch nie in Excel gesehen habe:

3.6. Nummerierung

Dummer Doppelpunkt.

Ich wollte doch nur „Beispiel 2:" herunterziehen, damit ich die Texte Beispiel 3:, Beispiel 4:, Beispiel 5:, ... erhalte. Schade – geht nicht!

Beispiel 1: Ein (benutzerdefiniertes) Zahlenformat kann
aufgezeichnet werden

| Beispiel 2 |
| Beispiel 2: |
| Beispiel 2: |
| Beispiel 2: |

3.7. Datumsauswahl (Steuerelement)

Hallo René,

wie geht es Dir? Bist Du gut wieder nach München gekommen nach dem Aufenthalt bei uns hier in Leipzig?

Ich habe ein Problem in Excel und wenn Deine Zeit es mal erlaubt, dann bitte helfe mir bei der folgenden Angelegenheit.

Ich möchte gern bei Excel in einer Zelle eine Datumsauswahl (Aktives Steuerelement) einfügen, aber ich kann unter Entwickler-Tools kein „Microsoft Data and Time Picker Control" finden.

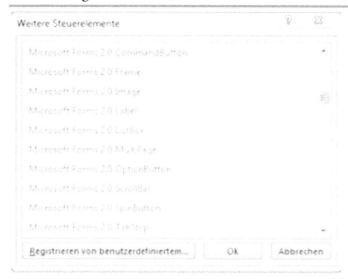

Evtl. gibt es ein „Picker", welchen ich dann formatieren kann…

Ich komme nicht zur Lösung und möchte es gern in meinem Excel-Sheet integrieren.

Das möchte ich erreichen

Vorab vielen Dank für Deine Bemühungen!

Viele Grüße nach München.

Daniel

#######

Hallo Daniel,

Ich rate dir von weiteren Steuerelementen ab. Der Grund: Sie müssen auf dem PC installiert sein.

Wenn du kein solches Element hast (beispielsweise weil kein Visual Studio installiert ist) – dann hast du es auch nicht. Könnte man runterladen aus dem Internet.

Jedoch: wenn du die Datei weitergibst, muss dieses Steuerelement auf dem Zielrechner auch installiert sein. Sonst geht es nicht.

Also doch lieber eintippen.

Weißt du noch: ein Datum kann man auf dem Zahlenblock beispielsweise 13-05-2017 eingeben.

3.8. Mfg2

Amüsant: Ich darf eine Zelle „mfg" nennen, also ihr den Namen „mfg" geben.

Aber „mfg2" darf ich sie nicht nennen:

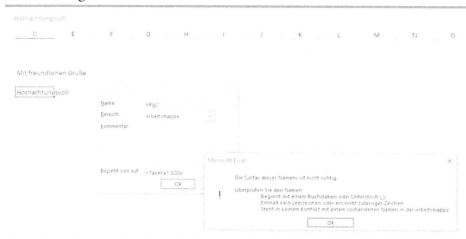

Der Grund ist einleuchtend: da man Namen über das Namensfeld (links neben der Bearbeitungsleiste) vergeben kann, würde ein dort eingegebener Name zur Zelle MFG2 springen. Deshalb dürfen auch nicht die Namen „MF2" oder „M2" vergeben werden. Nur „mfg_2".

Nicht mehr verständlich ist es jedoch Folgendes: Sie versuchen ein Makro mit dem Makrorekorder aufzeichnen, das sie „mfg2" nennen. DAS ist nicht erlaubt.

Ganz unverständlich wird die Sache jedoch, wenn Sie im Visual Basic-Editor ein Makro erstellen, das den Namen „mfg2" trägt. DORT ist der Name erlaubt und bereitet keine Probleme?!?

3.9. Dezimalzahlen

Ich bin sehr irritiert.

Auf unseren letzten Excel-Stammtisch haben wir folgendes Phänomen festgestellt:

Tragen Sie in eine Zelle den Wert 8625,21 ein. Speichern Sie die Datei. Ändern Sie den Dateinamen, indem Sie „.zip" als Ende einfügen. Entzippen Sie die Datei. Öffnen Sie die Datei sheet1.xml, die Sie im Ordner xl/worksheets finden. Und was sehen Sie dort?

8625.2099999999991

???

Das heißt: nicht nur beim Rechnen und Herunterziehen hat Excel interne Rundungsfehler, sondern bereits bei der Eingabe. Und das schon bei „kleinen" Zahlen.

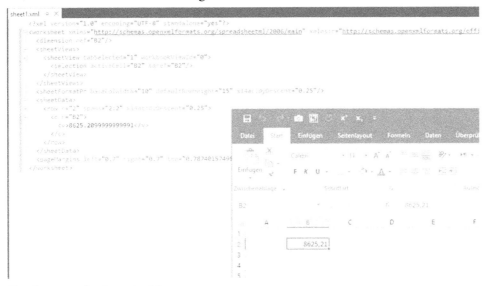

Finden wir das komisch?

3.10. Die Datenüberprüfung wird übergangen

Ist das gewollt?

Ich erstelle eine Datenüberprüfung in der nur die Werte "Jena;Berlin;Stabstellen;H1;H2;H3;H4" zugelassen sind.

Ich fülle eine Zelle mit H1. Ziehe herunter. Die Datenüberprüfung wird übergangen ...

Sina	H1
Andrea	H2
Andrea	H3
Andrea	H4
Birgit	H5
Birgit	H6
Frank	H7
Frank	H8
Alexander	H9
Alexander	H10
Alexander	H11
Ulrike	H12
Ulrike	H13
Thomas	H14
Katrin	H15
Katrin	H16
	H17
	H18
	H19
	H20

3.11. Groß- und Kleinschreibung in der Datenüberprüfung

Excel unterscheidet an fast keiner Stelle zwischen Groß- und Kleinschreibung.

Ich kann einen Zellnamen (g3) in Kleinbuchstaben eintragen, einen selbst erstellten Namen in Kleinbuchstaben schreiben, Funktionen (summe), bei Vergleichen wird nicht unterschieden (=WENN("RENE"="rene";1;0) liefert 1), sortieren (dort kann man es einschalten), filtern, ...

An einer Stelle(*) wird jedoch unterschieden: bei der Datenüberprüfung:

Kennen Sie die Datenüberprüfung? Dort kann ich eine Liste festlegen. Dafür gibt es zwei Varianten: entweder man trägt die Daten in Zellen ein und verweist auf den Zellbereich (das funktioniert auch, wenn die Zellen einen Namen tragen) oder man trägt die Daten direkt ein. Vor allem bei kleineren Listen m/w, intern/extern, Beamter/Angestellter/Arbeiter, ... empfiehlt es sich die Daten „hart" einzutragen. Jedoch:

befinden dich die Daten (beispielsweise m;w) in der Liste, ist diese Liste case-sensitiv! Bei einer ausgelagerten Liste nicht!

Oder ein anderes Beispiel: In einem Kalender darf der Mitarbeiter U für Urlaub, S für Seminar, K für krank, D für Dienstreise und T für Telearbeitstag eintragen. Verboten sind ihm bei einer solchen Liste jedoch die Kleinbuchstaben. Ärgerlich!

(*) Ich weiß, es gibt noch weitere Stellen, bei denen Excel nicht case-sensitiv ist – jedoch bei der Datenüberprüfung ärgert es.

Und ich weiß: man könnte die Liste natürlich mit beiden Varianten erstellen. Oder über die Option „benutzerdefiniert" die Groß- und Kleinschreibung abfangen. Aber warum nicht einfach bei der Liste?

3.12. Seltsamer Algorithmus beim Ziehen

Ich würde gerne den Algorithmus verstehen:

Ich trage in A1 eine Zahl ein. Beispielsweise 1. Ziehe rüber – die Zahl wird in die anderen Zellen geschrieben.

Steht jedoch darunter eine Formel – es kann eine einfache sein (=A1 oder =HEUTE()) oder auch eine komplexe Berechnung; werden beide Zellen markiert (die Richtung des Markierens ist egal – von oben nach unten oder von unten nach oben) und zieht man nun beide Zellen rüber wird die Zahl hochgezählt: 1, 2, 3, 4, ...

Wann zählt Excel nicht weiter?

Wenn untereinander steht:

Zahl | Zahl | Formel

Zahl | Zahl | Zahl | Formel

Formel | Zahl | Zahl

Zahl | Zahl | Formel | Formel

Wann zählt Excel weiter?

Wenn untereinander steht:

Zahl | Formel | Zahl | Formel

Zahl | Formel | Zahl | Zahl | Formel

Formel | Zahl

Formel | Zahl | Formel | Zahl

Zahl | Formel | Formel | Zahl

Ich finde die Regel nicht …

3.13. Pfeile der Datenüberprüfung

Heute kam die Frage, ob man nicht die Pfeilchen der Zellen, die eine Datenüberprüfung besitzen, permanent sichtbar machen kann. Und – nein! – Steuerelemente sind keine Alternative.

	A	B	C
1	Datum	von	nach
2	17 03 2016	Munchen	annheim
3	19 03 2016	Mannheim	Munchen
4	20 03 2016	Munchen	Augsburg
5			
6			

Die Antwort: nö, sorry, leider nicht – aber man kann die Datenüberprüfung finden – mit Start / Bearbeiten / Suchen und auswählen:

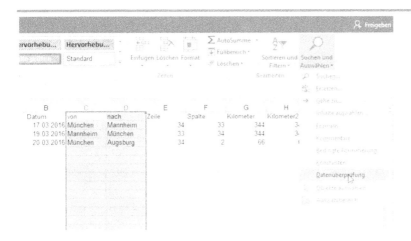

3.14. Zurück zur ersten Zelle

Bisher hat es genervt. Kennen Sie das?

Eine Zahlenreihe. Daneben wird eine Formel eingefügt. Der Beginn des Formelbereichs ist die obere Zelle:

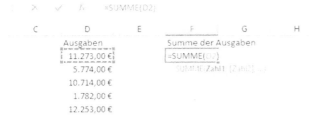

Die Formel wird mit der Tastenkombination [Shift] + [Strg] + [↓] nach unten "gezogen".

Problem: nun möchte man „zurück" zu der Zelle, in der die Formel eingetragen wurde. Die Lösung: Drücken Sie die Tastenkombination [Strg] + [Rück], also die Taste [⇐]. Und schon nervt es nicht mehr.

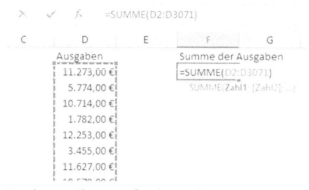

Danke an Christian für diesen Tipp.

3.15. Restpfeile am Bildschirm

Und dann so was!

Fixierung eingeschaltet. Spur zum Nachfolger. Pfeile entfernen. Fast – ein Restpfeil bleibt
...

Rauf- und runterscrollen – und weg sind sie.

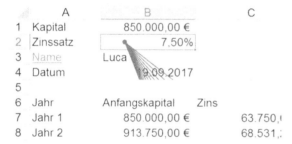

Leider kann ich das Phänomen nicht immer reproduzieren ...

3.16. Kopieren und einfügen/überschreiben

Natürlich kenne ich das Phänomen. Aber es verblüfft immer wieder.

Gegeben sei eine Liste mit einer Zahlenkolonne, in der sich ein Textformat druntergeschoben hat.

	E	F	G
	Telefon	E-Mail	Büro_Nummer
n	425-707-9790	ingolf@contoso.com	555
n	425-707-9795	ariane@contoso.com	556
	425-707-9794	inke@contoso.com	560
	425-707-9793	andrea@contoso.com	520
	425-707-9793	stig@contoso.com	415
	425-707-9797	michael@contoso.com	417
	425-707-9790	christian@contoso.com	419
	425-707-9799	lisa@contoso.com	421
	425-707-9791	ingelise@contoso.com	424
	425-707-9793	britta@contoso.com	525

Um diesen Text zu entfernen (Smarttags sind leider nicht in Sicht), schreibe ich die Zahl 1 in eine Zelle, kopieren sie und füge sie über den Bereich mit „Inhalte einfügen / multiplizieren" ein:

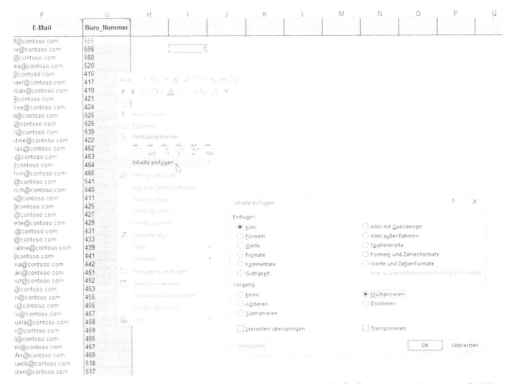

Ich weiß – es gibt noch andere Möglichkeiten – ich habe sie im Beitrag SAP & co aufgelistet. Auf alle Fälle – ich bin glücklich:

F	G	H	I
E-Mail	Büro_Nummer		
:ontoso com	555		
contoso com	556		1
ɔntoso com	560		
ȥcontoso com	520		
ntoso com	415		
@contoso com	417		
ıı@contoso com	419		
ntoso com	421		
@contoso com	424		
ontoso com	525		
ɔntoso com	526		

Jedoch – aus irgendeinem Grund (Macht der Gewohnheit?) drücke ich die Enter-Taste (zur Bestätigung?)

F	G	H	I
E-Mail	Buro_Nummer		
ɔntoso com	1		
:ontoso com	1		1
ntoso com	1		
contoso com	1		
ıtoso com	1		
ȥcontoso com	1		
@contoso com	1		
ıtoso com	1		
ȥcontoso com	1		
ɔntoso com	1		
ntoso com	1		
ɔntoso com	1		
@contoso com	1		
ȥcontoso com	1		

Klar – die noch im Zwischenspeicher befindliche Zahl wird in den markierten Bereich eingefügt ... DAS wollte ich eigentlich nicht.

3.17. People Graph

In Excel 2016 auf Einfügen / Add-Ins / People Graph geklickt. Leider wird der Zugriff dieses Add-Ins von Firmenseite nicht gestattet. Und wie geht das wieder weg?

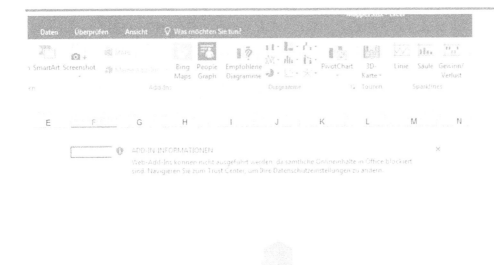

Die Antwort: gaaaaanz vorsichtig mit der Maus an den Rand fahren – dann kann man es markieren und löschen.

3.18. Excel für Mac

Heute hat man mich gezwungen einen Excelkurs für Mac-User zu geben. Ich gestehe – ich habe einige Male daneben gegriffen – die cmd-Taste und die Strg-Taste verwechselt. Einige Mal „Steuerung" statt „Controll"gesagt und natürlich auch einige Kleinigkeiten durcheinander gebracht. Zwei oder drei Mal musste ich sogar suchen – wo die Excel-Befehle denn auf dem Mac versteckt sind … Aber ich habe sie gefunden.

Nicht gefunden habe ich allerdings Folgendes:

Warum funktioniert bei einigen Rechnern (Excel 2016 Mac) die Tastenkombination [Shift] + [Ctrl] + [;], beziehungsweise [Shift] + [cmd] + [;] (aktuelles Datum) nicht?

Warum lassen sich keine Objekte (PDF, Word-Dokumente) einbetten?

Wenn ich über Seitenlayout / Seite einrichten / die Optionen „Kommentare am Ende des Blattes" aktiviere (Register „Blatt") – warum werden sie dann nicht ausgedruckt?

3.19. A geht, B geht, C nicht, D und E dann auch wieder

Mal wieder verblüfft. Ich „spiele" gerade ein bisschen Excel – berechne pythagoräische Zahlen. Um sie mit Hilfe des Solvers berechnen zu lassen, vergebe ich Zellnamen: a, b und dann: Fehlermeldung:

Sie müssen entweder einen gültigen Zellbezug oder einen gültigen Namen für den markierten Bereich angeben.

?!?

Verstehe ich nicht. D funktioniert dann wieder, e ebenso ... C ist weder eine Funktion noch ein Zellname.

3.20. „ß" oder „ss"?

Amüsant: Ich öffne eine alte Datei, die seit Jahren auf meiner Festplatte liegt. Die Beschriftung der Registerkarte „Einflußgröße" ist noch in der alten Rechtschreibung geschrieben.

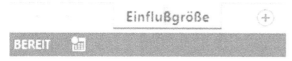

Da mache ich doch flux aus dem „ß" ein „ss". Darf ich aber nicht! Man muss Excel schon überlisten, um aus alt neu zu machen. Probiert es aus ... Verblüffend und amüsant.

3.21. Informationen verstecken?

Schon erstaunt.

Ich schreibe in eine Excelarbeitsmappe einen Text.

Ich speichere die Datei. Benenne die Endung um in „.zip". Ich entzippe die Datei, suche im Ordner „xl" nach der Datei „sharedStrings.xml" und öffne sie in einem guten XML-Editor:

```
sharedStrings.xml  ⌀  ×
    <?xml version="1.0" encoding="UTF-8" standalone="yes"?>
  - <sst xmlns="http://schemas.openxmlformats.org/spreadsheetml/2006/main" count="1" uniqueCount="1">
    - <si>
        <t>Nervt Excel?</t>
      </si>
    </sst>
```

Ich will es wissen! Ich füge weitere Tags hinzu:

```
sharedStrings.xml
    <?xml version="1.0" encoding="UTF-8" standalone="yes"?>
    <sst xmlns="http://schemas.openxmlformats.org/spreadsheetml/2006/main" count="1" uniqueCount="1">
    <si>
        <t>Nervt Excel?</t>
    </si>
    <t>Manchmal schon!</t>
    <si>Doch, doch: eigentlich liebe ich Excel</si>
    <rene>Aber manchmal nervt das Teilchen gewaltig!</rene>
    </sst>
```

Speichere die XML-Datei, zippe das Archiv und sehe nach. Kein Fehler beim Öffnen der Datei (!), kein weiterer Text wird angezeigt. Das Ergebnis sieht so aus:

Ich schaue nach: Datei / Informationen / Auf Probleme überprüfen – Excel findet keine Probleme:

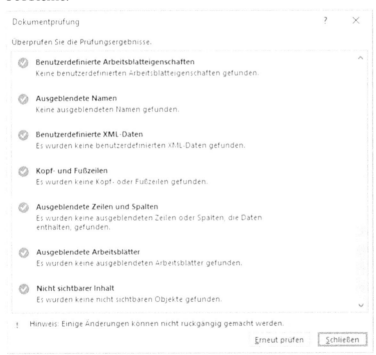

Keine Benutzerdefinierten XML-Daten. Ich schaue im Inquire nach – auch dort wird nichts gefunden:

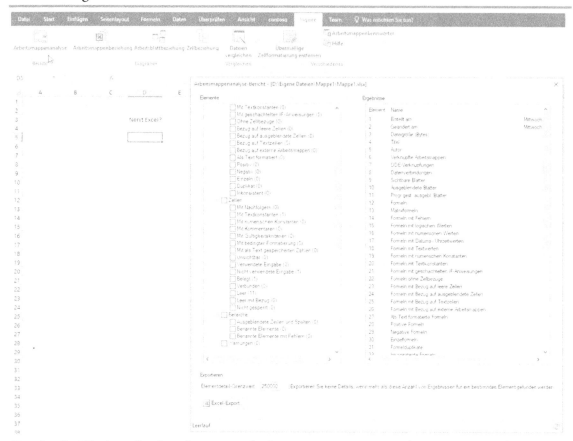

Das heißt: Hacker aller Länder: versteckt Eure Daten in XML-Elementen! Das findet kein Mensch!

Randbemerkung: okay, okay – man darf nicht jeden beliebigen Knoten an jeder Stelle platzieren. Aber das hat man schnell herausgefunden, was man darf.

3.22. Text oder Zahl?

Vielleicht sollte ich nicht so viel nachprüfen. Aber manchmal will ich es einfach wissen.

Ich trage in eine Spalte unterschiedliche Dinge ein: ganze Zahlen, Dezimalzahlen, Datumsangaben, Uhrzeiten, Text. Ich überprüfe ihre Existenz mit den beiden Funktionen ISTZAHL und ISTTEXT. Die Ergebnisse sind komplementär. Jedoch bei den beiden Gebilden WAHR und FALSCH liefert Excel: ISTZAHL: nö! ISTTEXT: keine Spur!

	f_x	=ISTTEXT(C14)	
B	C	D	E
	Eingabe	ISTZAHL	ISTTEXT
	1	WAHR	FALSCH
	2	WAHR	FALSCH
	3	WAHR	FALSCH
	1,5	WAHR	FALSCH
	3,70E+300	WAHR	FALSCH
	1,25E-256	WAHR	FALSCH
	Montag	FALSCH	WAHR
	28.12.2017	WAHR	FALSCH
	22:06	WAHR	FALSCH
	heute	FALSCH	WAHR
	gestern	FALSCH	WAHR
	ich bin müde	FALSCH	WAHR
	WAHR	FALSCH	FALSCH
	FALSCH	FALSCH	FALSCH

Ja – was ist es denn?

Die Antwort: Überprüft man den Wert mit ISTLOG, so erhält man ein WAHR. Das heißt: WAHR und FALSCH sind logische Werte, die zar 1 und 0 entsprechen, aber nicht 1 und 0 sind.

4 Fehlermeldungen

4.1. Die Richtlinien Ihrer Organisation

Eine Excelmappe geöffnet. Einen Hyperlink angeklickt. Eine lustige Fehlermeldung erhalten:

„Die Richtlinien Ihrer Organisation verhindern, dass diese Aktion abgeschlossen werden kann. Wenden Sie sich an Ihr Helpdesk, um weitere Informationen zu erhalten."

Welche Organisation, frage ich mich. Überhaupt: Welche Richtlinien? Und: welche Aktion? Ich habe doch nur auf einen Hyperlink geklickt. Ach ja, Microsoft: einen Helpdesk, den ich im Akkusativ fragen würde, habe ich auch nicht. Was tun?

Der Blick fällt nach oben. Ach so – die Bearbeitung wurde noch nicht aktiviert:

4.2. Fehlermeldung: nicht genügend Arbeitsspeicher

Immer wieder hübsch solche Meldungen:

Und also ob das noch nicht genug wäre, schiebt Excel gleich noch eine Meldung hinterher:

5 Datenaustausch

5.1. Outlook nervt auch!

Heute in der Outlook-Schulung kam die Frage auf, warum der Export- und Importassistent, verschwunden ist, mit dem man Kontakte nach Excel exportieren, beziehungsweise importieren konnte. Ich blieb der Teilnehmerin eine Antwort schuldig. Wahrscheinlich würde Microsoft antworten, dass keiner mehr diese Funktion benutzt hat ...

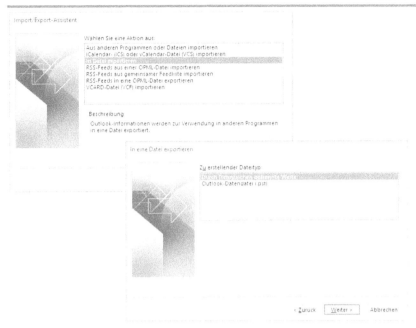

5.2. Ziehen in PowerPoint geht nicht

Schade. Wenn man in PowerPoint ein Diagramm erstellt, wird Excel ohne Menüband geöffnet. Dort werden die Daten eingetragen. Leider kann man Zahlen dort nicht runterziehen.

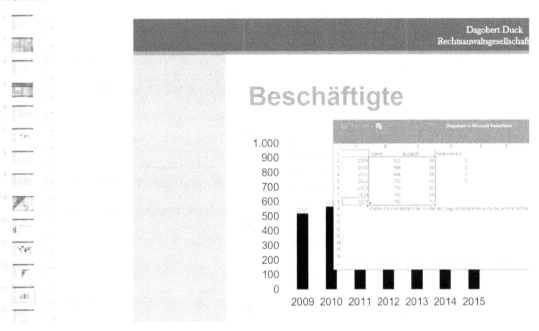

Ja – okay – ich weiß – man kann Excel schließen und danach erneut über Daten bearbeiten / Daten in Excel bearbeiten öffnen. Dann wird das Menüband angezeigt und man kann die Reihe per Ziehen ausfüllen.

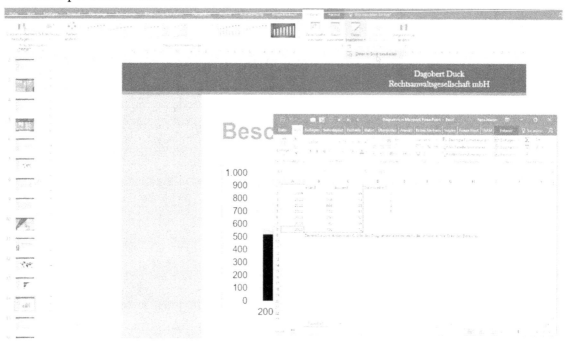

5.3. Datum – englisch oder deutsch?

Hallo Renè,

kannst du mir bitte wieder helfen?

Es dreht sich um das Datum.

Aus dem Internet habe ich diese Tabelle kopiert. Einmal wird ein richtiges Datum und dann ein Datum in Textformat angezeigt. Bei der Textform fehlt nach dem Tag der Punkt.

Die Formatierung soll natürlich österreichisch sein ;-). Datum und Uhrzeit von dir haben mir bei dieser Tabelle auch nicht weiter geholfen. Zumindest habe ich nichts entdeckt.

Die Liste wird mit einer anderen verglichen um zu sehen ob der Start gemeldet wurde.

Bedanke mich für deine Unterstützung,

mit bestem Gruß

Peter

	Rank			Date	E	F Event	G Discipline	Cat
D3				f_x	29 July 2017			
2	21	21	21	15. Sep 17		Open	Standard	Seni
3	25	25	25	29 July 2017		Open	Standard	Seni
4	11	11	11	29 July 2017		Open	Latin	Seni
5	9	9	9	16 June 2017		Open	Latin	Seni
6	27	27	27	16 June 2017		Open	Standard	Seni
7	13	13	13	30. Apr 17		Open	Latin	Seni
8	21	21	21	30. Apr 17		Open	Standard	Seni
9	0	0	0	23. Apr 17		Open	Latin	Seni
10	38	38	38	22. Apr 17		Open	Standard	Seni
11	13	13	13	02. Apr 17		Open	Standard	Seni
12	16	16	16	01. Apr 17		Open	Standard	Seni
13	38	38	38	20 January 2017		Open	Standard	Seni
14	9	9	9	27. Nov 16		Open	Standard	Seni
15	11	11	11	26. Nov 16		Open	Standard	Seni
16	8	8	8	26. Nov 16		Open	Latin	Seni
17	39	39	39	31 October 2016		Open	Latin	Seni
19	51	51	51	30 October 2016		World Championship	Ten Dance	Seni

Hallo Peter,

hübsche Fingerübung. Kommst du mit der Lösung klar?

In Spalte E steht das Datum als Datum; in F als Text.

Übrigens: Hübsches Problem – da im Englischen April, August, September und November genauso heißen wie bei uns, machen diese Monate keine Probleme.

schöne Grüße aus dem Land, wo die Jänners Januare heißen

Rene

Die rechte Formel sieht wie folgt aus:

```
{=TEXT(WENN(ISTZAHL(D2);D2;DATUM(RECHTS(D2;4);VERGLEICH(TEIL(D2;SU-
CHEN(" ";D2)+1;LÄNGE(D2)-8);{"January";"February";"March";"Ap-
ril";"May";"June";"July";"August";"September";"October";"Novem-
ber";"December"};0);LINKS(D2;2)));"TT.MMM JJJJ")}
```

die linke ohne die Funktion TEXT.

6 Merkwürdig übersetzt

6.1. Beschriftungen auf der Oberfläche

Schlimm genug, dass Microsoft seine Beschriftungen von Version zu Version ändert – auch neue Übersetzungen müssen nicht besser sein.

Noch schlimmer dagegen ist, dass dies nicht einheitlich gemacht wird: So wurde aus dem Zeilenumbruch der Textumbruch – aber leider nicht überall:

6.2. Ersetzen und wechseln

Gestern in der Excel-Schulung wollte eine Teilnehmerin wissen, warum „ersetzen" (von suchen und ersetzen) als Funktion „WECHSELN" heißt und nicht „ERSETZEN". Denn ERSETZEN macht ja etwas anderes:

Die Antwort: Ich weiß es nicht. Auch im Englischen heißen die Funktionen SUBSTI-TUTE und REPLACE. Irgendwie doof gemacht ...

6.3. Verblüffende Erklärungen

Manche Übersetzungen sind wirklich sehr merkwürdig.

In der letzten Excel-Schulung fragte eine Teilnehmerin, was folgende Erklärung bedeutet:

Text: „ist die Zeichenfolge mit den Zeichen, die Sie kopieren wollen"

Noch erstaulicher ist die Beschreibung für die Funktion T:

T „wandelt die Argumente in Text um." T benötigt einen Wert, „den Sie überprüfen wollen. Wenn der Wert kein Text ist, werden zwei Anführungsstriche (leerer Text) zurück gegeben."

Versteht ihr das?

Microsoft hat Besserung gelobt – mal sehen ...

6.4. Link und Hyperlink

Von Version zu Version werden die Dinge ein klein wenig anderes beschriftet. Über den Sinn könnte man reflektieren.

Jedoch: warum beschriftet Microsoft nicht ALLE Stellen? Konsequent? Gleich?

So laufen noch immer „Datenüberprüfung" und „Gültigkeit" (im Dialog Inhalte einfügen) rum, der „Textumbruch" heißt noch immer „Zeilenumbruch" (im Dialog „Zelle formatieren / Ausrichtung") und auf „Link" statt „Hyperlink" hat man sich auch noch nicht ganz festlegen können ...

6.5. Bildlaufleisten und Scrollleisten

Der Niederländer Tony de Jonker hat sich auf unseren Excellent Days über die Namensänderung amüsiert: früher hießen sie „Bildlaufleisten". Nun heißen die Steuerelemente in den Entwicklertools „Scrollleisten".

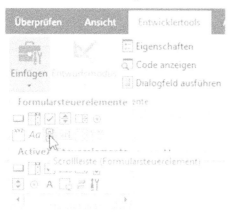

7 Symbole falsch beschriftet

7.1. Symbole im Menüband

Nö, besonnen kann ich nicht bleiben. Plötzlich darf ich keine Symbole mehr in mein Ribbon einfügen. Was ist da los?

Die Antwort finden Sie, wenn Sie einen Blick ins Ribbon werfen:

Die Excel-Registerkarten wurden ausgeblendet. Wahrscheinlich im XML-Code. In einer „normalen" Excel-Datei dürfen Sie natürlich wieder Symbole einfügen. So viele wie Sie möchten.

7.2. **Automatisch speichern – inaktiv!**

In letzter Zeit wurde häufig in vielen Excelforen schon genörgelt und das Icon verspottet – das neue inaktive Symbol „automatisch speichern". In Office 365. Gleich an erster Stelle.

7.3. **„GeheZu" oder „Los"?**

Ich programmiere ein Excel-Add-In für eine Firma. Ich schicke dem Mitarbeiter, der damit arbeiten soll, eine Beschreibung wie er das Add-In installieren soll.

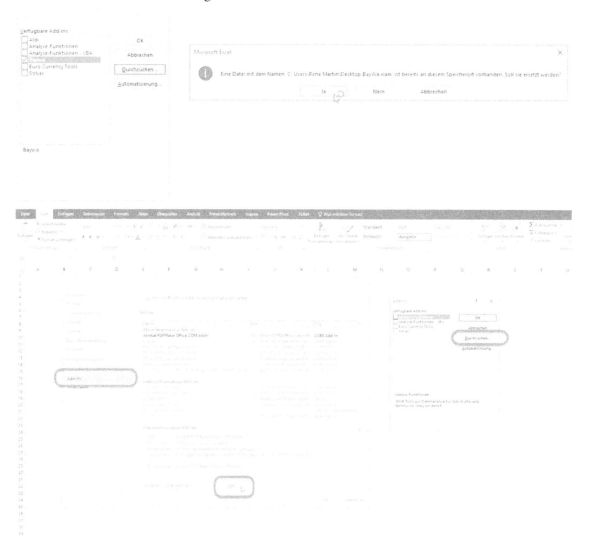

„Bei mir gibt es aber keine Schaltfläche «Los»“, meint er traurig am Telefon.

Kurz überlegt: „Stimmt in Excel 2013 war sie noch mit «GeheZu» beschriftet“. Grrrrr.

7.4.   Filter löschen

Was mache ich falsch? Die Gruppe „Sortieren und filtern“ zeigt das Symbol „Löschen“ aktiv an. Ich habe einen Filter gesetzt.

Ich habe auch noch das Symbol in die Symbolleiste für den Schnellzugriff gezogen – dort ist es allerdings inaktiv:

Die Antwort: Richtig – Sie haben das Symbol „Filter löschen“ hinzugefügt. Wenn Sie sich das Symbol in dem Optionen ansehen, so sehen Sie den englischen Begriff „PivotClearFilters“.

Eben. Sie müssen das Symbol „Alle Filter löschen“ hinzufügen. Dann klappt es!

Danke an Bettina für den Hinweis.

8 Zellformate

8.1. Bedingte Formatierung wird nicht gedruckt

Guten Tag Herr Martin,

vielen Dank für Ihre informative Seite, welche mir nun bereits schon einige Male helfen konnte. Dieses Mal wurde ich leider trotz intensiver Suche im gesamten Internet nicht fündigt. Es geht um folgendes Problem:

Eine Kollegin hat eine Excelmappe in der mehrere Zellen über Bedingte Formatierungen eingefärbt werden. Die werden jedoch beim drucken nicht übernommen. Schon der Druckvorschau (und auch beim drucken selber die Farben nciht verwendet, sondern alle Zellen mit weißen Hintergrund dargestellt bzw. gedruckt.

Hallo Herr O.,

Mir ist folgendes aufgefallen:

Wenn ich von Ihrer Datei ein Tabellenblatt in eine neue Datei verschiebe (egal welches Blatt), habe ich dort den gleichen Effekt. Oder umgekehrt: Bedingte Formatierung „reagiert nicht".

Ich habe die Datei im xlsx-Format gespeichert, entzippt und „reingeschaut" und verglichen mit einer „normalen" Excel-Datei.

Ich weiß nicht genau an welcher Stelle, aber bei der styles.xml (im Ordner xl) finde ich Unterschiede zur „normalen" Datei.

Ich habe nun die gesamte Datei durch „meine" styles.xml ersetzt, geöffnet – damit sind leider sämtliche Formatierungen weg, aber nun funktioniert die bedingte Formatierung wieder.

Das heißt: durch irgendein Speichern/Austausch/Öffnen, … wurde etwas in den Formaten „zerschossen". Und zwar in den Formaten der Datei (nicht des Tabellenblattes). Ich weiß nicht wann, bei welcher Aktion und nicht genau was. Aber wenn Sie die Datei neu formatieren, können Sie mit Ihr arbeiten.

Wenn Sie einen Blick in meine Datei werfen, erhalten Sie eine Meldung, dass etwas nicht stimmt. Klar: ich habe ja die styles.xml ausgetauscht.

schöne Grüße

Rene Martin

PS: Wenn ich ganz viel Zeit habe, schaue ich mir Ihre Styles-Datei noch einmal genauer an – vielleicht kann ich die Stelle lokalisieren, wo der Fehler auftritt.

####

Später habe ich dann den Fehler gefunden:

Ändern man den Hintergrund der Zellformatvorlage „Standard" in eine Farbe (beispielsweise „rot", werden alle Zellen des Tabellenblattes rot eingefärbt. Markiert man nun das Blatt und färbt sie „manuell" wieder weiß ein, dann hat man zwei Farben übereinander gelegt. Wöhlt man anschließend noch eine bedingte Formatierung mit einer dritten Hintergrundfarbe, dann läuft Excel irgendwann an die Wand und zeigt merkwürdige Dinge am Bildschirm und beim Ausdruck.

Hilfe kam von Pia Bork. Hier noch einmal ein dickes DANKESCHÖN an sie für das Aufspüren des Fehlers. Von ihr stammt die obige Beschreibung.

PS: Pias Kommentar: „Herzlichen Glückwunsch an alle, die so einen Fehler suchen müssen!"

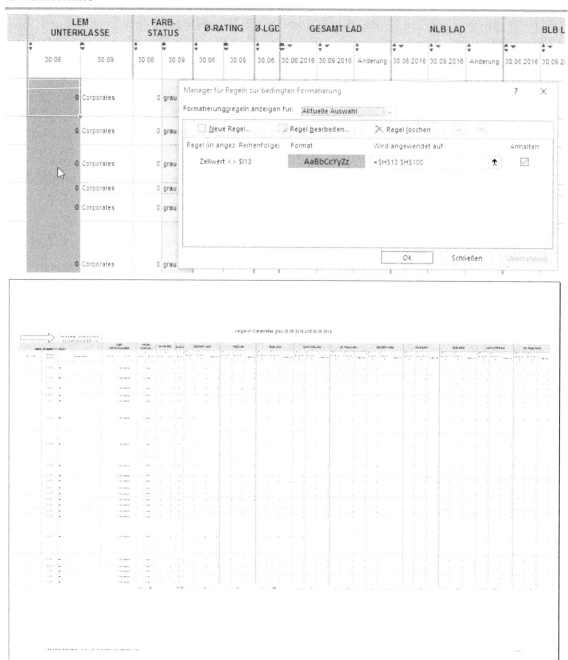

8.2. Buchstabenabstand

Hallo Rene,

wir haben hier gerade Excel Stammtisch in Basel und merken: Excel nervt! J So haben wir an Dich gedacht ;-)

Wir hätten gerne das Wort „Versuch" ganz links. Denn leider schiebt Excel das Wort weiter nach rechts je größer die Schriftart.

Ich denke, da gibt es keine Lösung, aber vielleicht hast Du schon eine Lösung gefunden?

Sorry, Johannes, das hängt mit der Spationierung zusammen. Und: Excel ist überhaupt kein Programm für „vernünftige" Textverarbeitung. Eine Teilnehmerin wollte man einen exakten Zeilenabstand haben ;-)

8.3.   Text „neben" den Zellen

Erstaunt hat es mich doch für einen Moment.

Für die Teilnahmebestätigungen der Excel-Schulung morgen markiere ich in Outlook in der Mail die Namen und kopiere sie nach Excel. Und wundere mich, warum sie in der Spalte neben der Spalte stehen, in die ich sie eingefügt habe:

Klar: Excel übernimmt den Einzug der Absatzformatierung von Outlook. Kann man leicht im Dialog „Zellen formatieren" nachsehen:

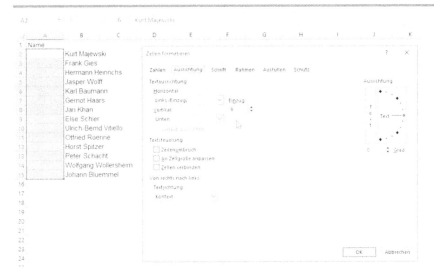

8.4.   Weiße Farbe oder keine Farbe?

Perfide!

Ich erstelle zwei bedingte Formatierungen. Die eine überprüft, ob in Spalte F ein Wert > 800 steht. Wenn ja, dann wird die Schriftfarbe auf blau gesetzt. Die zwei Bedingung wird auf die gesamte Tabelle angewendet. Sie formatiert die Hintergrundfarbe (mit einem anderen) Blau. Das Ergebnis sieht wie folgt aus:

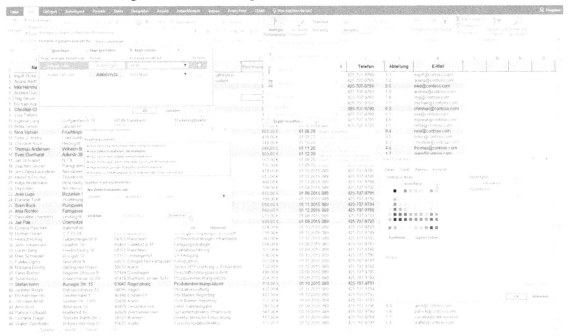

Wechselt man in den Dialog „Formatieren" auf die Registerkarte „Ausfüllen", ist die Schaltfläche „Keine Farbe" der Hintergrundfarbe unterlegt.

Begeht man jedoch den Fehler und klickt auf diese Schaltfläche, sieht man zwar auf dem Dialog keinen Unterschied – allerdings wird nun die Option „Keine Farbe" aktiv – das heißt: die blaue Hintergrundfarbe wird von „keiner Farbe" überschrieben.

Straße	PLZ	Ort	Position	Rechnungsbetrag	Fällig am	Vorwahl	Telefon	Abteilung	E-Mail
nplatz 5	83209	Prien am Chiemsee	Vorsitzender & Geschäftsführer	761,00 €	01.08.2015	089	425-707-9790	3-3	ingolf@contoso.com
Brandt-Strasse	50389	Wesseling	Geschäftsführungsassistent	779,00 €	01.09.2015	089	425-707-9795	7-2	anane@contoso.com
erstr. 5	42369	Wuppertal	Finanzdirektor	937,00 €	01.10.2015	089	425-707-9794	2-5	inke@contoso.com
dorf	50181	Bedburg	COO	396,00 €	01.11.2015	089	425-707-9793	1-9	andrea@contoso.com
ihofstr 29	38442	Wolfsburg	Marketing-Strategie	688,00 €	01.12.2015	089	425-707-9793	7-8	stgl@contoso.com
strasse 198...1	50827	Koeln	Public Relations	328,00 €	01.08.2015	089	425-707-9797	1-7	michael@contoso.com
e Praesidenten	10178	Berlin	Werbung	924,30 €	01.09.2015	089	425-707-9790	6-2	christian@contoso.com
ard-Wagner-Str	68165	Mannheim	Produktmanagement	174,00 €	01.10.2015	089	425-707-9799	5-3	lisa@contoso.com
garterstr 18	68199	Mannheim	Marketingdirektor	563,00 €	01.11.2015	089	425-707-9797	4-9	ingelise@contoso.com
str 91	68766	Hockenheim	Medizinische Beratung	377,00 €	01.12.2015	089	425-707-9793	4-1	britta@contoso.com
slingstr 51	68219	Mannheim	Geschäftsentwicklung	883,00 €	01.08.2015	089	425-707-9790	9-4	nina@contoso.com
waldstr 5	68782	Bruehl	Kundenberatung	438,00 €	01.09.2015	089	425-707-9791	9-5	peter@contoso.com
ogstr 38	42103	Wuppertal	VP Verkauf	348,00 €	01.10.2015	089	425-707-9790	8-1	christine@contoso.com
lm-Boetzkes-S	40474	Duesseldorf	Verkauf - Asien	841,00 €	01.11.2015	089	425-707-9791	4-6	thomas@contoso.com
str 39	68199	Mannheim	Verkauf NA	389,30 €	01.12.2015	089	425-707-9790	1-7	sven@contoso.com
1	68161	Mannheim	Verkauf SA	561,00 €	01.08.2015	089	425-707-9792	4-8	jan@contoso.com
grafenweg 20	59494	Soest	Verkauf - Europa	770,00 €	01.09.2015	089	425-707-9790	7-4	joachim@contoso.com
annenstr 62	68259	Mannheim	Geschäftsführungsassistent	479,00 €	01.10.2015	089	425-707-9790	1-5	jens@contoso.com
dor-Heuss-Anl	68185	Mannheim	Senior VP Sales & Marketing	613,00 €	01.11.2015	089	425-707-9790	5-6	heinrich@contoso.com
hweg 26	57250	Netphen	Phase IV - Versuche	408,00 €	01.12.2015	089	425-707-9798	1-7	katja@contoso.com
errschaftswald	68305	Mannheim	Leiter Dateneingabe	799,00 €	01.08.2015	089	425-707-9792	3-5	uta@contoso.com
ertstr.16	68161	Mannheim	Phase III-Versuche	879,00 €	01.09.2015	089	425-707-9795	8-6	jose@contoso.com
feninger Str. 5	93049	Regensburg	Phase I-Versuche	799,00 €	01.10.2015	089	425-707-9790	7-4	danielle@contoso.com
pwerkstr 8	68169	Mannheim	Phase II-Versuche	908,99 €	01.11.2015	089	425-707-9794	2-5	sven@contoso.com
gasse 1	60311	Frankfurt a M	Techniker	542,00 €	01.12.2015	089	425-707-9790	9-9	anja@contoso.com
ngstr 2	68549	Ilvesheim	Produktsupport	273,00 €	01.08.2015	089	425-707-9793	3-4	pascaline@contoso.com
nntzerstr. 15	72459	Albstadt	Datenbankmanagement	390,00 €	01.09.2015	089	425-707-9790	8-7	jae@contoso.com
ihofstr 22	65185	Wiesbaden	IIS-Manager	879,00 €	01.10.2015	089	425-707-9791	9-3	dorena@contoso.com
r1-24	68159	Mannheim	VP Regulierungsangelegenheiten	216,00 €	01.11.2015	089	425-707-9799	9-2	nuthana@contoso.com
dsbergerstr 9	68165	Mannheim	VP Neuentwicklungen Pharmazie	393,00 €	01.12.2015	089	425-707-9793	6-8	helmut@contoso.com
fstr 97	60487	Frankfurt a M	Fertigungsstrategie	659,00 €	01.08.2015	089	425-707-9790	8-4	jens@contoso.com
nchstring 38	68161	Mannheim	Qualitässicherung	355,00 €	01.09.2015	089	425-707-9792	3-1	karen@contoso.com
gstr 32	67117	Limburgerhof	VP Fertigung	538,00 €	01.10.2015	089	425-707-9790	6-6	mike@contoso.com
ottstr 9	08535	Edingen-Neckarhausen	Konstruktion	261,00 €	01.11.2015	089	425-707-9792	9-1	fukiko@contoso.com
ig-Hochhaus	50670	Koeln	Senior VP Forschung u. Entwicklung	752,00 €	01.12.2015	089	425-707-9792	3-5	manuela@contoso.com
iner Strasse 4	57489	Drolshagen	Geschäftsführungsassistent	490,00 €	01.08.2015	089	425-707-9795	9-3	peter@contoso.com
strasse 10 (Rh	45478	Muelheim an der Ruhr	Prozessentwicklungsstabore	264,00 €	01.09.2015	089	425-707-9790	5-8	sunil@contoso.com
iger Str. 15	93047	Regensburg	Produktwicklungslabore	919,00 €	01.10.2015	089	425-707-9791	3-2	stefan@contoso.com
ausstrasse 13	58095	Hagen	Produktverwaltung	437,00 €	01.11.2015	089	425-707-9794	1-8	jennifer@contoso.com

Irgendwie doof ...

8.5. Schräger Text

Letzte Woche in der Excel-Schulung. Wir üben das gestalten von Tabellen. Eine Teilnehmerin fragt mich, was sie gemacht hat. Das Ergebnis von schräggestelltem Text neben vertikal verlaufendem Text ist verblüffend:

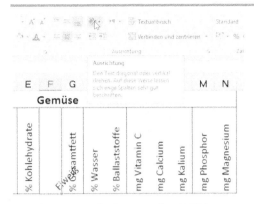

Noch erstaunlicher ist der Effekt, wenn ein Text nach links und einer nach rechts geneigt wird:

Und: Finger weg vom Zusammenspiel Textausrichtung: schräg UND Linien:

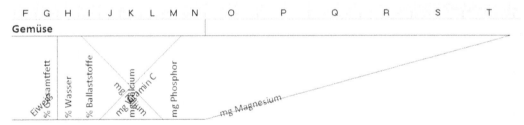

Meine Empfehlung: Finger weg von schräg. Das ist wirklich schräg!

8.6. WingDings statt Calibri

Amüsant. Ich schreibe in eine Zelle, die mit der Schriftart „Calibri" formatiert ist, mit dem Zahlenformat und mit dem Zellformat „Standard" einen Text.

Ich bestätige die Eingabe:

Schwupp: Lustige Zeichen.

Der Kenner bemerkt sofort, dass Excel die Zelle automatisch in der Schriftart WingDings formatiert hat. Der Grund: in den drei Zellen darüber befinden sich Zeichen, die über Einfügen / Symbol aus der Schriftart WingDings eingefügt wurden. Sobald mindestens drei WingDings-Zeichen übereinander stehen, „vermutet" Excel, dass das nächste Zeichen nun auch in der gleichen Schrift formatiert werden soll. Will ich das? Nein!

8.7.   Bedingte Formatierung: Wochenende

Heute in der Excel-Schulung:

Wir erstellen einen Kalender mit bedingter Formatierung. Die Wochenenden und Feiertage werden grau formatiert.

In A1 steht das Jahr 2017, in B1 der Monat 5. In C1 die Formel

`=DATUM($A$1;$B$1;SPALTE()-2)`

Rüberziehen bis AG1.

Die Datumsangaben werden als Tag mit TT formatiert.

In C1:AG38 wird folgende bedingte Formatierung verwendet:

`=WOCHENTAG(C$1;2)>5`

Sieht so aus:

Monatszahl in B1 ändern. Sieht so aus:

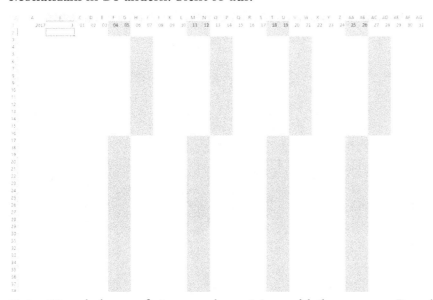

Beim Umschalten auf einen anderen Monat bleiben graue „Reste" einfach stehen. Unglaublich! Unerhört! Nach einer Weile verschwindet der Fehler wieder. Muss ich das verstehen?

Ich habe es noch einmal ausprobiert: anderer Rechner, anderes Betriebssystem – gleiches Phänomen.

8.8.   Calc nervt auch!

Wir können ja so froh sein, dass wir Microsoft Excel verwenden (dürfen).

Heute in der libreOffice Calc-Schulung haben wir festgestellt, dass eine Linie, die an den rechten Zellrand angefügt/formatiert wird auch von dort wieder weggenommen werden muss und nicht vom linken Rand der Nachbarzelle.

Zu Glück hat Excel dieses unglückliche Verhalten schon seit vielen Versionen bereinigt.

8.9.   Ausschneiden mit Formaten

Beim Ausscheiden und Einfügen einer Zelle werden sämtliche Formate „ausgeschnitten" – das heißt: auf Standard zurückgesetzt.

Linien werden jedoch nur dann ausgeschnitten, wenn sie von der „richtigen Seite" hinzu-formatiert wurden.

Erstaunlicherweise werden Sie auch nicht dann ausgeschnitten, wenn die ganze Zeile mit einer Linie formatiert wurde – egal von welcher Seite die Linie eingefügt wurde.

8.10. Inquire findet leider nicht alles

Inquire ist schon klasse. Er analysiert Tabellen und findet eine Menge „verborgener" In-halte: ausgeblendete Zeilen, weiße Schriftfarbe, ... Allerdings: zwei Dinge findet dieses Analysewerkzeug nicht:

1.) Wenn eine Form auf einer Zelle liegt (hier etwas versetzt, damit man sie besser sehen kann)

2.) Wenn eine Zelle (hier E4) benutzerdefiniert mit

;;;

formatiert ist. Der leere Wert vor dem ersten Semikolon gibt an: positive Zahlen werden nicht dargestellt; der zweite legt das Gleiche für negative fest. Der dritte für 0.

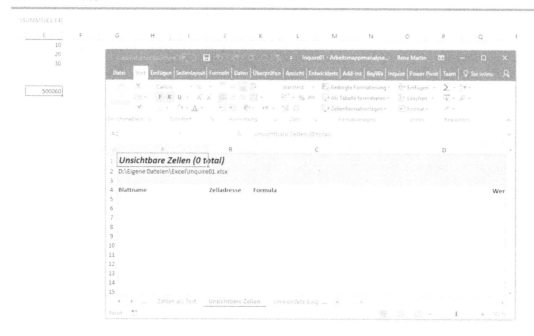

8.11. Zahlen verstecken mit der bedingten Formatierung

Ich musste eine Weile suchen. Obwohl in der Zelle eine Formel (und eine bedingte Formatierung) war, habe ich den Ergebniswert der Formel nicht gesehen.

Nein – die Schriftfarbe der Zelle war nicht weiß; es lag kein Zahlenformat unter den Zellen. Dann habe ich es entdeckt: Im Dialogfeld der bedingten Formatierung befindet sich eine Option „nur Symbol anzeigen". Und die war aktiviert.

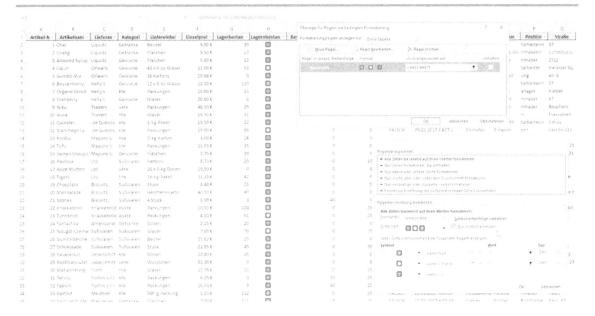

9 Zahlenformate

9.1. Tausendertrennzeichen in der Schweiz

Amüsant.

Ich gebe in Excel eine große Zahl ein. Ich kann sie mit dem benutzerdefinierten Zahlenformat 0.. formatieren. Damit werden die letzten sechs Ziffern nicht mehr dargestellt, das heißt: wegformatiert.

Das funktioniert prima, wenn in der Windows-Systemsteuerung als Sprache Deutsch (Deutschland) oder Deutsch (Österreich) eingestellt ist. Ist jedoch Deutsch (Schweiz) voreingestellt, so finden sich in den „Weiteren Einstellungen" bei dem Symbol für Ziffern-gruppierung ein Apostroph als Zeichen und nicht ein Punkt. Somit funktioniert dieses benutzerdefinierte Zahlenformat mit dieser Einstellung nicht. Das heißt: bei den „norma-len" Schweizer Einstellungen klappt das nicht.

Amüsante Randbemerkung: Ich Deutscher öffne Excel, formatiere eine Zahl mit 0..

Stelle nun das Symbol für Zifferngruppierung auf Apostroph um.

Excel ändert die benutzerdefinierte Formatierung mit.

Bei einer Neuformatierung verweigert er sich natürlich bei 0..

Kann praktisch – kann ärgerlich sein – Stichwort: Datenaustausch.

9.2. Währung oder Buchhaltung?

Heute in der VBA-Schulung war ich verblüfft. Wir wollten herausfinden, wie der Befehl für das Zahlenformat „Währung" lautet. Ich forderte die Teilnehmer auf, den Befehl „for-matiere" eine Zelle als Währung aufzuzeichnen und sich das Ergebnis anzusehen. Wir er-hielten vier verschiedene Ergebnisse.

Vier? Zwei hätte ich verstanden. Währung und Buchhaltung. Aber vier? Die VBA-Befehle lauten:

```
' -- Buchhaltung
Selection.NumberFormat = _
"_-* #,##0.00 [$€-de-DE]_-;-* #,##0.00 [$€-de-DE]_-;_
-* ""-""?? [$€-de-DE]_-;_-@_-"
```

```
Selection.NumberFormat = "_($* #,##0.00_);_($* (#,##0.00);_
($* ""-""??_);_(@_)"
' -- Währung
Selection.NumberFormat = "#,##0.00 $"
Selection.NumberFormat = "$#,##0.00_);[Red]($#,##0.00)"
```

Schaut man das genauer an, findet man die Unterschiede:

Denn - es ist ein Unterschied, ob man das Symbol „Buchhaltungszahlenformat" in der Gruppe „Zahl" verwendet oder „Buchhaltung" aus dem Kombinationsfeld der gleichen Gruppe (oder über den Dialog Zellen formatieren / Zahlen / Buchhaltung).

Es ist ein Unterschied, ob Sie das Symbol „Währung" verwenden (oder über den Dialog Zellen formatieren / Zahlen / Währung) oder - die Tastenkombination [Shift] + [Strg] + [$]. Ob das nicht zu Problemen führen kann?

9.3. Zahlenformat „Standard"

Ich dachte, das Zahlenformat „Standard" bedeutet, dass Zahlen „in Frieden" gelassen werden. Also: ohne Tausendertrennzeichen, ohne Rundungen der Nachkommastellen.

Denkste!

Eine Zahl, die insgesamt mindestens elf Ziffern hat (beispielsweise acht Ziffern vor dem Komma und drei danach oder auch: eine Ziffer vor dem Komma und zehn nach dem Dezimaltrennzeichen) werden trotz oder auch beim Zahlenformat „Standard" gerundet formatiert.

9.4. Statuszeile

Amüsant. Ist Ihnen das schon aufgefallen? – Wenn man mehrere Zellen in Excel markiert, steht in der Statuszeile Anzahl, Summe, ... Man kann die Liste der Funktionen erweitern.

Noch nie aufgefallen ist mir Folgendes: Wenn man formatierte Zahlen markiert – beispielsweise Zahlen mit Tausenderpunkt und ohne Nachkommastellen, wird die Summe und der Mittelwert ebenso formatiert. Ebenso Minimum und Maximum. Anzahl und Numerische Zahl jedoch nicht:

Mittelwert 5   Anzahl 59565   Summe 317.495

Als "Standard" formatierte Zahlen erhalten folgendes Ergebnis:

Mittelwert 5.421241356   Anzahl 59565   Summe 317.495

Das ist konsequent, dass Anzahl keine Nachkommastellen hat – aber ein Tausendertrennzeichen hätte man der armen Anzahl schon spendieren können. Finden Sie nicht?

9.5. Prozentwerte

Über merkwürdige Prozente / Prozentwerte habe ich hier in diesem Blog schon einige Male mich geäußert. Nun wieder:

Geben Sie ein paar Prozentwerte ein. Legen Sie eine bedingte Formatierung drüber mit einem Symbolsatz. Das Ergebnis verblüfft:

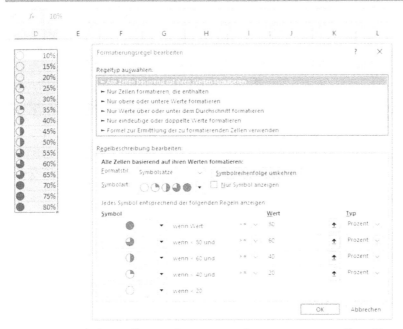

Warum wird die Zelle, in der 70% steht mit einem vollen Kreis gekennzeichnet – 70% ist doch nicht >=80 Prozent?

Des Rätsels Lösung: Wenn Sie jeden Wert in Verhältnis zum größten Wert setzen, also beispielsweise

```
=D2/MAX($D$2:$D$16)
```

dann ergeben sich andere Werte – nämlich 88% bei 70%.

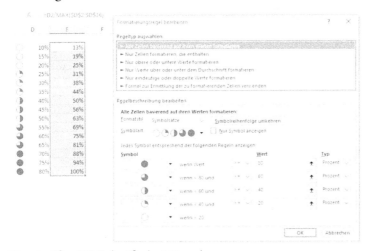

Das heißt: 80% heißt bei Excel:

80% des größten Wertes der Liste. Dabei wird die Liste dynamisch erweitert oder verkleinert, wenn Sie Werte löschen oder hinzufügen. Warum sagen die das nicht gleich? So? Denn: wenn Wert >= 80% ist so falsch!

Ein großes Dankeschön an Peter, der mich auf diese Merkwürdigkeit, auf dieses verwirrende Phänomen und auf dieses auf den ersten Blick erstaunliche Verhalten hingewiesen hat. Er schreibt dazu:

„Es ist eben für den arglosen Benutzer nicht erkennbar, dass die Auswahl Prozent in der Symbolformatierung eine gänzlich andere Rechenlogik besitzt als die Formatierung Wert."

9.6. Standard oder Zahl?

Gestern in der Excel-Schulung: Ein erstaunter Blick: Hat eine Zahl mehr als elf Ziffern wird diese Zahl in der wissenschaftlichen Schreibweise dargestellt.

Das Erstaunliche: Das Zahlenformat ist noch immer „Standard". Excel hätte ja nicht nur die Darstellung, sondern auch das Zahlenformat ändern können ...

9.7. Negative Stunden

Sehr geehrter Herr Martin!

Ich verfolge begeistert Ihre V2B Kurse!

Ich bin Anfänger in Excel und habe für ein spezifisches Problem bislang keine passende Lösung gefunden.

Wär fein, wenn Sie mir weiterhelfen können.

	A	B	C	D	E	F	G	H	I	J
1	Datum	Beginn AZ	Ende AZ	AZ IST	Mittags- pause	+/-AZ	AZ SOLL	Wochen-AZ IST	+/- AZ mit Vor- monat	Rest UG
2										
31	Samstag, 28. Mai 2016									
32	Sonntag, 29. Mai 2016									
33	Montag, 30. Mai 2016	06.15	17.30	11.15	00.30	02.45	08.00			
34	Dienstag, 31. Mai 2016	krank		08:00		00:00	08:00			
35	SUMME MAI			30:15		7:15	22:00		0:00	
36	J U N I 2 0 1 6									
37	Mittwoch, 01. Juni 2016	krank		08:00		0:00	08:00			
38	Donnerstag, 02. Juni 2016	krank		08:00		0:00	08:00			
39	Freitag, 03. Juni 2016	krank		06:00		0:00	06:00			
40	Samstag, 04. Juni 2016									
41	Sonntag, 05. Juni 2016									
42	Montag, 06. Juni 2016	07.00	17.30	10.30	00.30	2.00	08.00			
43	Dienstag, 07. Juni 2016	07.00	17.30	10.30	00.30	2.00	08.00			
44	Mittwoch, 08. Juni 2016	08.00	16.00	8.00	00.30	###########	08.00			
45	Donnerstag, 09. Juni 2016	07.00	17.30	10.30	00.30	2.00	08.00			
46	Freitag, 10. Juni 2016	07.00	17.30	10.30	00.30	4.00	06.00			
47	Samstag, 11. Juni 2016									
48	Sonntag, 12. Juni 2016									
49	Montag, 13. Juni 2016	07.00	17.30	10.30	00.30	2.00	08.00			
50	Dienstag, 14. Juni 2016	08.00	14.00	6:00			08.00			
51	Mittwoch, 15. Juni 2016	07.00	17.00	10.00	00.30	1.30	08.00			
52	Donnerstag, 16. Juni 2016	07.00	16.40	9.40	00.30	1.10	08.00			

Ich möchte die negativen Stunden in Spalte F mit Vorzeichen „minus" und in roter Farbe angezeigt bekommen. Formatiert als Zeit, so dass ich die Spalte summieren kann.

Rechenvorgang: D44-G44-E44 bzw. AZ IST minus AZ SOLL minus Mittagspause 30 Minuten (nur bei AZ IST größer als 6 Stunden, bis größer gleich 6 Stunden, keine Mittagspause).

Wäre nett, wenn Sie mir hier weiterhelfen können.

Vielen Dank im Voraus!

Mit freundlichem Gruß

######

Hallo Herr D.,

eigentlich geht das nicht.

Excel beginnt bei den Datumsangaben am 01.01.1900. Das heißt: 12:00 Uhr wird intern behandelt wir ein halber Tag seit dem 01.01.1900 – also 0,5. Wenn Sie nun -06:00 Stunden haben möchten, wird dies als 31. Dez. 1899 18:00 Uhr behandelt – das geht eigentlich nicht.

Und jetzt zum „eigentlich":

Sie können in den Optionen / Erweitert den Beginn auf 1904 „hochsetzen" – dann haben Sie zwischen 199 und 1904 vier Jahre „Puffer, in denen Sie mit negativen Uhrzeiten rechnen können.

Ich rate allerdings davon ab, weil dann alle Datumsangaben in dieser Datei um vier Jahre verschoben werden. Und ich sehe in Ihrer Liste 28.05.2016

Alternative: Ich würde Hilfsspalten verwenden: +/- AZ pos:

`=WENN(D8-G8-E8>0;D8-G8-E8;0)`

+/- AZ neg:

`=WENN(D8-G8-E8<0;ABS(D8-G8-E8);0)`

Hilft Ihnen das?

######

Hallo Herr Martin!

Ja, so mach ich`s.

Vielen herzlichen Dank für Ihre Hilfe!

Schöne Grüße nach München!

9.8. Einen Text als Text formatieren

Was passieren kann, wenn man einen Text als Text formatiert – darauf habe ich schon hingewiesen. Auch was passiert, wenn man einen (langen) Text als Buchhaltung formatiert:

Amüsant ist dagegen auch folgendes Phänomen: Wenn man einen Text als Datum, Prozentwert oder Währung formatiert:

und dann mit der Funktion LÄNGE weiter rechnet – allerdings mit mindestens zwei Rechenoperationen (beispielsweise LÄNGE - 1 oder LÄNGE x 1), dann wird das Zahlenformat übernommen:

Erstaunlicherweise: FINDEN und SUCHEN liefern auch Zahlen – sie übernehmen jedoch nicht das Zahlenformat.

9.9. Uhrzeiten: mm und [mm]

Es ist schon verblüffend: In einer Datei stehen Uhrzeiten. Sie werden mit dem benutzerdefinierten Format „mm" formatiert.

Speichert man die Datei, schließt sie und öffnet sie erhält man andere Angaben:

Ein Blick in das Format verrät, dass aus mm MM wurde:

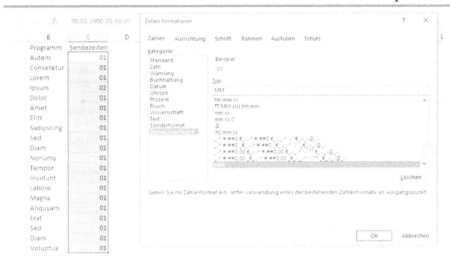

Die Lösung: man muss sie mit [mm]. Dann übersteht dieses Format auch das Speichern:

Danke an meine Kollegin Angelika Meyer für die Frage und an meinen Kollegen Stefan Lau.

9.10. Zeilen und Spalten ein- und ausblenden

Sehr perfide!. Wenn man zwei Zeilen (oder Spalten) mit der Maus zusammenschieben, kann man sie mit der Maus wieder „auseinanderschieben", das heißt sichtbar machen, das heißt: einblenden. Man kann sie aber auch über den Befehl „einblenden" (im Kontextmenü der Zeilenköpfe oder über Start / Zellen / Format / Ausblenden & Einblenden / Zeilen einblenden wieder sichtbar machen.

Hat man sie jedoch nicht ganz zusammen geschoben, werden sie nicht mehr eingeblendet. Oder genauer: Beträgt die Zeilenhöhe 0,1 oder mehr, ist „einblenden" zwecklos, da die Zeile für Excel nicht ausgeblendet ist.

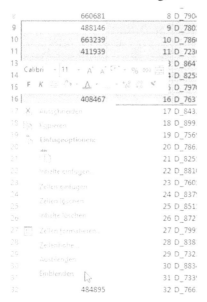

10 Drucken und Seitenlayout

10.1. Von Excel über Word nach PDF

Ich glaube, da muss Microsoft noch mal ran.

Eine Exceltabelle wird in Word eingebunden und als pdf gespeichert. Das Ergebnis ist alles andere als schön:

Druckt man Sie dagegen mit einem guten pdf-Drucker (beispielsweise von Adobe), dann sieht das Ergebnis erheblich besser aus:

10.2. Der Gruppenmodus

Ärgerlich: viele Dinge kann man auf mehreren Blättern gleichzeitig erledigen, wenn man mehrere Blätter mit [Strg]- oder [Shift]-Taste markiert (also den Gruppenmodus aktiviert):

Zellen formatieren, beschriften, Formeln einfügen, Spalten verbreitern, die Seite einrichten. Leider nicht einen Blattschutz auf alle selektierten Blätter anwenden. Und: Folgende Sache geht leider auch nicht:

Man kann zwar auf allen Blättern in Kopf- oder Fußzeile ein Bild einfügen. Ändern man jedoch die Bildgröße, wird sie nur auf einem Blatt geändert. Schade!

11 Excel rechnet falsch

11.1. TEILERGEBNIS

Auf nichts ist mehr Verlass:

Ich trage einige Zahlen in Excel ein. Schalte den Autofilter ein, filtere die Daten. Unter der Liste ein Klick auf das Summen-Symbol – die Funktion TEILERGEBNIS mit dem Parameter 9 wird verwendet. Nur die gefilterten Daten werden summiert.

Ich markiere eine Zeile und blende sie aus:

Ich bin irritiert: Die ausgeblendete Zeile wird nicht summiert.

Irritiert deshalb, weil die Hilfe erläutert, dass der Parameter 109 die ausgeblendeten und gefilterten Daten nicht summiert, der Parameter 9 jedoch nur die gefilterten.

Ich schalte den Filter aus, blende die Zeile aus – sie wird JETZT nicht mitsummiert.

Das heißt: der Parameter 9 summiert Werte von ausgeblendeten Zeilen, wenn kein Filter gesetzt ist, summiert sie jedoch nicht, bei einem eingeschalteten Filter.

Da ist doch was faul!

Danke an Maximilian für den Hinweis.

11.2. MINV und Rechenungenauigkeit

Ich erstelle eine 3 x 3-Matrix.

Berechne die inverse Matrix mit der Funktion MINV:

Multipliziere die beiden Matrizen mit der Funktion MMULT – das Ergebnis – na, ja: fast richtig. Ein bisschen Abweichung ist halt häufig in Excel:

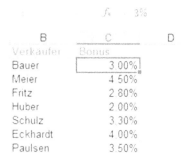

	A	B	C	D	E	F	G	H	I	J	K
1											
2											
3											
4	1	1	0		1,25	0,25	0,75		1	-1,11022E-16	0
5	2	1	3		-0,25	0,25	0,75		0	1	0
6	1	2	1		-0,75	0,25	0,25		0	-5,55112E-17	1

Wenn ich die berechneten Zahle der inversen Matrix per Hand eingebe, erhalte ich eine korrekte Einheitsmatrix. Die Rechenungenauigkeit liegt also bei MINV.

11.3. Rechnet Pivot falsch?

Hi René,

ich kriege grad seit 2 h einen Vogel mit Pivot:

Habe unterschiedliche Mitarbeiter, die unterschiedliche Bonisätze bekommen sollen.

Die Bonitabelle liegt in anderem Tabellenblatt.

f_x 3%

B	C	D
Verkäufer	Bonus	
Bauer	3,00%	
Meier	4,50%	
Fritz	2,80%	
Huber	2,00%	
Schulz	3,30%	
Eckhardt	4,00%	
Paulsen	3,50%	

Damit ich in Pivot für jeden MA den richtigen Bonusbetrag anzeigen kann, habe ich mir mit SVerweis die Sätze in meine Ausgangstabelle geholt.

G2 f_x =SVERWEIS(C2;Boni!$B$2:$C$8;2;FALSCH)

	A	B	C	D	E	F	G
1	Monat	Automarke	Verkäufer	Filiale	Anzahl	Umsatz	bonus
2	Januar	BMW	Bauer	Ost	9	999 000,00 €	3,0%
3	Januar	BMW	Bauer	Süd	9	780 000,00 €	3,0%
4	Januar	Jaguar	Meier	Süd	17	1 360 000,00 €	4,5%
5	Januar	Jaguar	Fritz	Ost	6	666 000,00 €	2,8%
6	Januar	Porsche	Huber	Nord	7	777 000,00 €	2,0%
7	Januar	Porsche	Meier	Süd	9	999 000,00 €	4,5%
8	Januar	Porsche	Huber	Nord	16	1 560 000,00 €	2,0%
9	Februar	BMW	Schulz	Ost	12	960 000,00 €	3,3%
10	Februar	BMW	Eckhardt	Süd	8	960 000,00 €	4,0%
11	Februar	BMW	Paulsen	Nord	5	450 000,00 €	3,5%
12	Februar	Jaguar	Schulz	Ost	3	450 000,00 €	3,3%
13	Februar	Jaguar	Bauer	Ost	13	2 700 000,00 €	3,0%
14	Februar	Porsche	Huber	Nord	6	666 000,00 €	2,0%
15	März	BMW	Huber	Nord	14	1 120 000,00 €	2,0%
16	März	BMW	Eckhardt	Ost	5	650 500,00 €	4,0%
17	März	Jaguar	Meier	Süd	20	3 000 000,00 €	4,5%
18	März	Jaguar	Schulz	Ost	5	650 500,00 €	3,3%
19	März	Jaguar	Paulsen	Ost	8	800 000,00 €	3,5%
20	März	Porsche	Fritz	Nord	21	1 120 000,00 €	2,8%

Und ein Feld berechnet. Soweit alles schön…

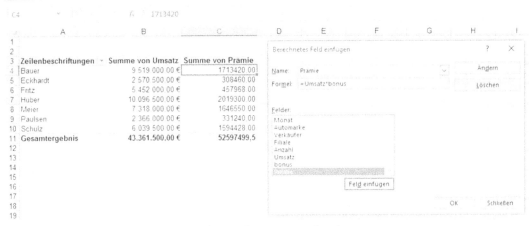

…nur, der Bonusbetrag ist um den Faktor 10 zu hoch!

Wer macht da was falsch : ich oder Excel?

Hiielfe! Kannst Du helfen?

Viele Grüße – Angelika

#####

Hallo Angelika,

der Knackpunkt in der Pivottabelle liegt im berechneten Feld. Das kann man leicht zeigen. Bau mal folgende Tabelle auf:

Setze eine Pivottabelle auf, gruppiere die Namen, summiere die Beträge:

Zeilenbeschriftungen	Summe von Betrag
Angelika	30
Rene	70
Gesamtergebnis	100

Wenn du nun ein berechnetes Feld einfügst – Betrag * Provision – stellst du fest, dass die berechnete Provision doppelt so hoch ist, wie sie sein sollte:

Der Grund: die beiden Provisionssätze für Rene werden summiert (5% + 5% = 10%) und diese Zahl mit der Summe der Beträge multipliziert. Wenn du die Summe mit 5% multiplizieren möchtest, musst du den Provisionssatz (über einen SVERWEIS) reinholen und damit multiplizieren. Dann klappt es:

11.4. Rechenungenauigkeit

Über die Rechenungenauigkeit in Excel ist schon viel geschrieben worden. Sie finden im Internet eine Reihe Artikel zu diesem Thema.

Auch ich habe auf diesem Blog mich schon einige Male darüber ausgelassen.

Heute habe ich ein weiteres amüsantes Phänomen festgestellt. Kennen Sie es?

Tragen Sie in eine Zelle die Formel

=(0,5-0,4-0,1)*1

ein. Das Ergebnis ist eine Rechenungenauigkeit ≈ -0,00000000000000027755575615629.

Formatieren Sie diese Zahl als Währung. Das Ergebnis lautet:

0,00 € (oder eine andere Landeswährung)

Formatieren Sie diese Zahl mit der Kategorie Buchhaltung. Das Ergebnis lautet:

- 0,00 € (oder eine andere Landeswährung)

Na ja – halt so ungefähr 0; ±0 – so genau wollen wir es jetzt auch nicht wissen.

	B	C
f_x		=(0,5-0,4-0,1)*1
		-2,7756E-17
Währung		0,00 €
Buchhaltung	-	0,00 €

11.5. Mehrsprachig

Woah, ich bin begeistert! Eine ganze Seite mit Funktionen, die beim Übersetzen einer ExcelDatei Probleme bereitet. Lest selbst:

http://rondebruin.nl/win/s9/win013.htm

11.6. Namen verschwinden

Ärgerlich. Wirklich sehr ärgerlich.

Ein Mitarbeiter einer Firma erstellt in Excel 2007 eine Liste mit Bildern und Dropdownlisten, die über eine Datenüberprüfung gefüllt werden. Über 60 Namen „suchen" mit der Funktion INDIREKT den Wert der Dropdownliste in einem anderen Bereich und geben die Zelle zurück, in der sich ein Bild befindet.

Diese Namen werden auf die Bilder angewendet: über die Bearbeitungszeile wird der Name mit bspw. =Bild24 zugewiesen.

Das Problem: Es funktioniert prima in Excel 2007. Öffnet man diese Datei jedoch in Excel 2010 oder höher, sind die Verweise weg. Alle! Das heißt: noch einmal die 60 Verweise setzen.

Wirklich ärgerlich!

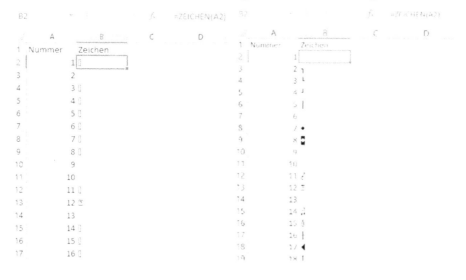

11.7. ZEICHEN und das Betriebssystem

Ich trage in einer Liste Zahlen von 1 bis 32 ein. Ich lasse mir mit Excel 16.0.8625 mit der Funktion ZEICHEN das dahinterliegende Zeichen anzeigen.

Liegt es an der Excel-Version oder sind noch andere Dinge im Spiel (Betriebssystem, Add-Ins ...)? Fragen über Fragen ... Ich vermute, dass es mit dem Betriebssystem zusammen-hängen muss – unter Windows 8 werden die Zeichen korrekt dargestellt; unter Windows 10 nicht.

12 Fehlermeldungen in Formeln

12.1. e

Ich trage in einer Zelle die Funktion =exp(1) ein, da ich die Konstante e benötige. Ich benenne die Zelle e:

Ich schreibe nun die Formel

=Sin(e) in eine andere Zelle – die Konstante, das heißt: der Name, wird erkannt:

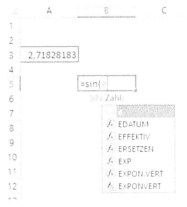

Nach dem Schließen der Klammer wird die Formel bestätigt:

Das Ergebnis verblüfft; aber des Rätsels Lösung ist schnell gefunden:

12.2. Das schließende Anführungszeichen

Gestern in der Excel-Schulung. Wir üben die WENN-Funktion. Standard-Beispiel: eine Provisionsberechnung. Ein Teilnehmer ruft mich, weil er eine Fehlermeldung erhält:

Ich gestehe: ich habe drei Mal hinschauen müssen, bis ich es entdeckt hatte: das schließende Anführungszeichen bei dem Sonst-Zweig (Wert_wenn_falsch) fehlt.

12.3. Leerzeichen und INDIREKT

Irgendwie doof. Mal wieder nicht konsistent.

Kennen Sie das? Ich erstelle eine Liste mit Verkäufernamen, Monatsnamen und Umsatzzahlen. Über Formeln / Definierte Namen / Aus Auswahl erstellen werden die Spaltennamen und Zeilennamen zu Namen der entsprechenden Zeile und Spalte:

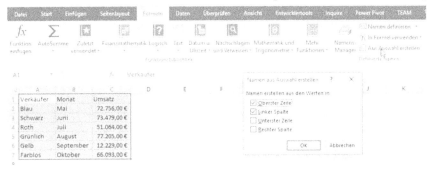

Nun kann man die Schnittmenge berechnen:

=Roth Umsatz

Leider kann man diese Werte nicht auslagern – das führt zu einem Fehler:

Das ist erstaunlich, denn folgende Formeln funktionieren problemlos:

`=SUMME(INDIREKT("C2:C7"))`

`=SUMME(INDIREKT("Umsatz"))`

Aber eben leider nicht:

`=SUMME(INDIREKT("Umsatz Roth"))`

und auch nicht:

`=SUMME(INDIREKT("C2:C5 C3:C7"))`

Schade, dass INDIREKT keine Schnittmenge verarbeiten kann.

Nachtrag: Danke an XLarium für den wertvollen Hinweis (⇓):

Es funktioniert mit:

`=INDIREKT("Umsatz") INDIREKT("Roth")`

und:

`=SUMME(INDIREKT("C2:C5") INDIREKT("C3:C7"))`

12.4. Enthält bereits Daten

Amüsante Fehlermeldung. Dabei wollte ich doch nur ein weiteres Feld in eine Pivottabelle einfügen:

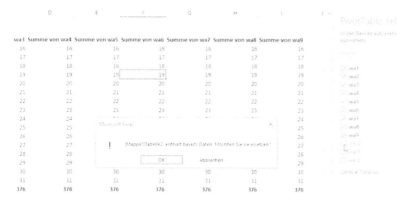

Aber die Ursache ist schnell gefunden: Neben der Pivottabelle befand sich eine Formel. Excel kann nicht eine Spalte einfügen, verschiebt also nicht die Tabelle, sondern überschreibt die Formel:

f_x =SUMME(B4:I4)

G	H	I	J	K

ie von wa7	Summe von wa8	Summe von wa9	
16	16	16	128
17	17	17	136
18	18	18	144
19	19	19	152
20	20	20	160
21	21	21	168
22	22	22	176
23	23	23	184

Die Frage bleibt: Hätte man nicht „Tabelle2 enthält bereits Daten" etwas anders formulieren können?

12.5. AGGREGAT, Namen und Diagramme

Wollt ihr wissen, wie man Excel zum Absturz bekommt? Man muss die Funktion AGGREGAT in einem Namen verwenden und diesen in einem Diagramm.

Das Ganze geht so:

Eine Tabelle holt sich Werte aus einer anderen Liste. Da einige Werte nicht gefunden werden, werden diese als #NV angezeigt. In einem Diagramm werden die entsprechenden Kategorien verwendet:

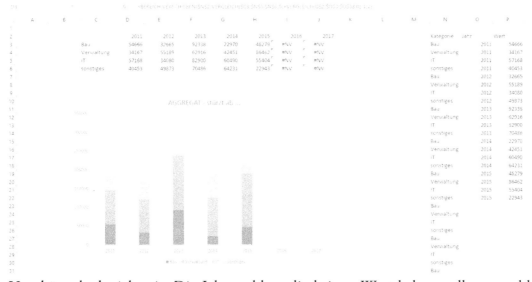

Unschön, denke ich mir. Die Jahreszahlen, die keinen Wert haben, sollen ausgeblendet werden. Und lege vier Namen an: „Bau", „IT", „Verwaltung" und „sonstiges". Sie haben die Form:

```
=BEREICH.VERSCHIEBEN(Tabelle1!$D$2;1;0;1;AGGREGAT(2;6;
Tabelle1!$D$3:$J$3))
```

AGGREGAT deshalb, weil es die Fehlerwerte übergeht.

Ich versuche nun den Namen im Diagramm einzufügen, das heißt aus der ersten Datenreihe

```
=DATENREIHE(Tabelle1!$C$3;Tabelle1!$D$2:$J$2;Tabelle1!$D$3:$J$3;1)
```

wird ein:

```
=DATENREIHE(Tabelle1!$C$3;Tabelle1!$D$2:$J$2;Tabelle1!Bau;1)
```

Das Ergebnis: ABSTURZ!

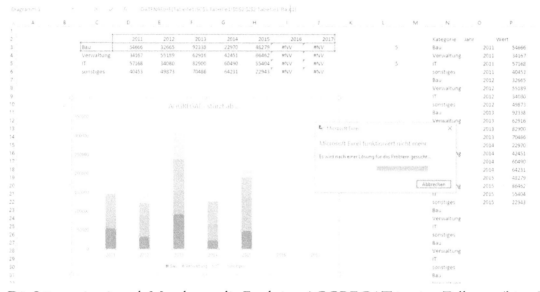

Die Lösung ist simpel: Man lagert die Funktion AGGREGAT in eine Zelle aus (hier: L3).
Man gibt ihr einen Namen – beispielsweise AGGREGAT.

Und ändert nun die Namen in:

```
=BEREICH.VERSCHIEBEN(Tabelle1!$D$2;1;0;1;AGGREGAT)
```

Nun kann der Bereich geändert werden:

```
=DATENREIHE(Tabelle1!$C$3;Tabelle1!$D$2:$J$2;Tabelle1!Bau;1)
```

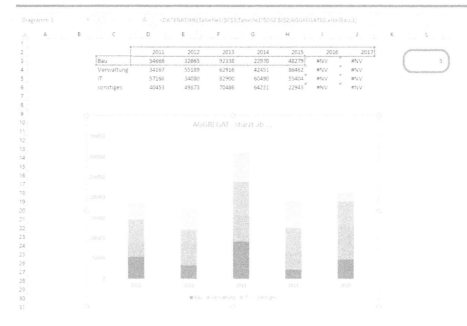

12.6. SUMMEWENN auf eine andere Datei

Schon mal probiert?

Eine Datei greift mit einer Formel auf eine zweite Datei zu. Kein Problem.

Doch: ist ein Problem – nämlich, wenn es sich bei der Formel um SUMMEWENN, ZÄHLENWENN & co handelt. Dann muss nämlich die Quelldatei offen sein, damit kein Fehler angezeigt wird. Sehr erstaunlich!

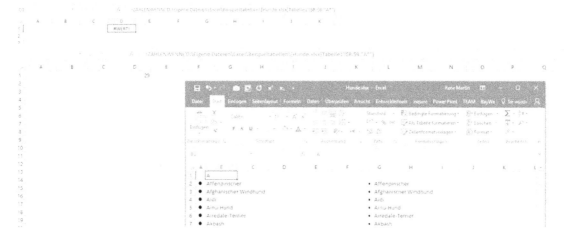

12.7. [ ] oder ( )

Hilfe! Was mache ich falsch? Warum klappt der SVERWEIS nicht mehr?

Die Antwort: Wenn Sie Formel genau ansehen, stellen Sie fest, dass Sie die Funktion SPALTE mit einer eckigen Klammer geschrieben haben:

SPALTE[]

es muss jedoch lauten:

SPALTE()

Keine Formel hat eine eckige Klammer – jede Funktion verwendet runde Klammern.

12.8. Inquire und Intelligente Tabelle

Ich erstelle eine (intelligente) Tabelle und analysiere sie mit dem Inquire.

Fehlermeldungen sind die Folge. Wahrscheinlich hat der englischsprachige Inquire Probleme mit unserer deutschen Oberfläche.

12.9. SUMMEWENN nicht in 3D

Stefan ist genervt. SUMME kann dreidimensional rechnen. Beispielsweise:

`=SUMME(Januar:Dezember!C2:C58)`

Leider sind SUMMEWENN, SUMMEWENNS, ... nicht 3-d-fähig. Noch nicht einmal ZÄHLENWENN.

13 Merkwürdige Formeln

13.1. Manchmal geht es kürzer

Amüsiert war ich schon. In einer Firma sollte ich letzte Woche Excel-Formeln anpassen. Man erklärte mir, dass jeder Auditvorgang ein Revisionsdatum hat. Möglicherweise auch ein zweites und ein drittes. Wenn es ein drittes Datum gibt, gibt es auch ein zweites. Also: die Tabelle ist gefüllt: entweder 1. Datum oder 1. und 2. oder 1. und 2. und 3. oder alle vier Spalten sind mit einer Datumsinformation gefüllt.

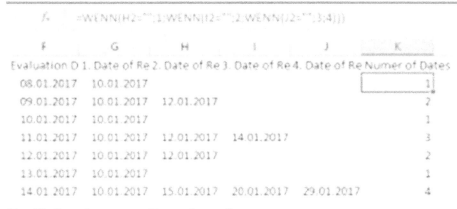

Ein Kollege hatte eine Formel erstellt:

```
=WENN(H2="";1;WENN(I2="";2;WENN(J2="";3;4)))
```

Meine Aufgabe war es diese Formel für weitere Datumsangaben anzupassen. Ich war etwas irritiert.

```
=ANZAHL(G2:J2)
```

hätte das Gleiche getan. Und ist leichter anzupassen. Die Teilnehmer waren begeistert und glücklich.

13.2. Formelvervollständigung

Letzte Woche in der Excel-Schulung. Ich erkläre, dass es manchmal besser ist, den Funktionsassistenten zu verwenden, weil dort einige Informationen angeboten werden, manchmal ist die Eingabe über die Tastatur die bessere Wahl, weil Parameter aufgelistet und erklärt werden.

Ein Teilnehmer meldet sich und fragt traurig, warum er keine Formelvervollständigung hat:

Die Lösung war schnell gefunden: In den Option war in der Kategorie „Formeln" die Option „AutoVervollständigen für Formeln" deaktiviert.

13.3. Kurze Formeln

Ich habe mich heute sehr amüsiert. Ich war in einer großen Firma, die Sie auch kennen. Dort haben mir Mitarbeiter eine große Exceltabelle gezeigt, mit der Bitte, ihnen die Formeln zu erklären und möglicherweise zu verbessern. Das Grundproblem tauchte an sehr vielen Stellen auf: In zwei unterschiedlichen Spalten stehen Datumsangaben. Allerdings: nicht in jeder Zelle.

	A	B	C	D	E	F
		Vertrags-	Bestell-	Auftrags-	Installations-	
1	Vertrags-Nr	Eingang	datum	datum	datum	
2	4711	11.02.2017	14.02.2017		23.02.2020	
3	4712	09.03.2017	02.03.2017		09.10.2017	
4	4713	20.01.2017	01.03.2017	02.03.2017	09.09.2017	
5	4714	30.03.2017	29.04.2017	14.05.2017		
6	4715	26.04.2017	26.05.2017	26.05.2017		
7	4716	16.03.2017	16.04.2017			
8	4717	10.04.2017	10.05.2017		25.05.2017	
9	4718	10.04.2017	07.05.2017		25.05.2017	
10	4719	26.01.2017	26.03.2017	17.03.2017	24.05.2017	
11	4720	02.03.2017	01.04.2017		24.05.2017	
12	4721	06.03.2017	06.04.2017		24.05.2017	
13	4722	06.03.2017	06.04.2017			
14	4723	06.03.2017	06.04.2017			
15	4724	06.03.2017	06.04.2017		24.05.2017	
16	4725	06.03.2017	06.04.2017		24.05.2017	
17	4726	06.03.2017	06.04.2017		24.05.2017	
18	4727	06.03.2017	06.04.2017		24.05.2017	
19	4728	17.03.2017	16.04.2017			
20	4729	23.03.2017	22.04.2017		24.05.2017	
21	4730	29.03.2017	28.04.2017		24.05.2017	
22	4731	31.03.2017	30.04.2017		24.05.2017	
23	4732	11.04.2017	11.05.2017		24.05.2017	
24	4733	13.04.2017	13.05.2017		24.05.2017	
25	4734	06.04.2017	06.05.2017	13.05.2017	20.05.2017	

Es sollen die Datumsdifferenzen berechnet werden. Allerdings nicht Ende - Anfang, da die leeren Zellen ein Ergebnis verfälschen würden. Nun hat ein Kollege – wahrscheinlich über Jahre – verschiedene Formeln eingetragen:

```
=WENN(D2>=1;D2-C2;"")
```

Ist okay - hier habe ich nichts zu nörgeln.

`=WENN(D2>=1;D2-C2;" ")`

Das Leerzeichen stört mich; würde ich nicht machen – besser: "".

`=WENN(D2>=1;DATEDIF(C2;D2;"d");"")`

Warum einfach, wenn es auch umständlich geht. D2-C2 entspricht DATEDIF(C2;D2;"d").

`=WENNFEHLER(D2-C2;"")`

Ganz schlecht: D2-C2 liefert keinen Fehler, wenn eine der beiden Zellen leer ist. Das Ergebnis ist beispielsweise -42780.

`=WENN(ISTFEHLER(D2-C2);"";D2-C2)`

Bis Excel 2003 gab es noch nicht die Funktion WENNFEHLER - bis dahin musste man WENN(ISTFEHLER(... schreiben. Falsch und überflüssig!

`=WENN(UND(C2<>"";D2<>"");D2-C2;"")`

Gut: beide Zellen werden überprüft!

Die Funktion ISTZAHL habe ich in der Tabelle nicht gefunden.

Wir haben uns amüsiert, weil das gleiche Problem von einem Anwender auf verschiedene Arten gelöst wurde. Das ist nicht konsistent und auch nicht nachzuvollziehen. Aber man kann ja mal vermuten, was die Ursache des Formelwandels war ...

13.4. 00. Januar 1900

Das Problem mit dem Datum hat mich gestern noch beschäftigt.

In der Zelle D3 steht nichts. Erstaunlicherweise liefert =JAHR(D3) keinen Fehler (wie ich vermutet hätte), sondern 1900. Warum?

Die Antwort: Schreiben Sie in eine Zelle das Datum 05.01.1900. Subtrahieren Sie von diesem Datum die Zahl 1. Setzen die Formel fort. Nach dem 01. Januar 1900 folgt der 00. Januar 1900. Dann ein Fehler:

Und das ist der Grund, warum man von einer leeren Zelle die Jahresinformation auslesen kann. Auch JAHR(0) liefert das Jahr 1900. Steht in der Zelle allerdings ein leerer Text ("") oder #NV, dann ist ein Fehler die Folge:

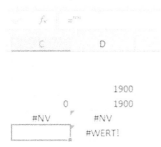

Das heißt im Umkehrschluss: WENNFEHLER(JAHR(D3);"") fängt keinen Fehler ab, wenn die Zelle D3 nicht gefüllt ist. Lediglich wenn in der Zelle kein Datum, also Text steht. Mit WENNFEHLER kann man diese Information also nicht abfangen.

13.5. Calc, Numbers und google Tabellen

Kennen Sie das? Sie arbeiten mit Excel, Kinder oder Nichten und Neffen mit libreOffice, ein Freund mit Numbers oder Google Tabellen? Und Sie sind erstaunt, dass es in der einen Tabellenkalkulation Funktionen gibt, die in der anderen fehlt. Nervig und ärgerlich (gerade beim Austausch der Tabellen).

Der Zeitschriftenverlag Heise hat sich die Mühe gemacht, sämtliche Funktionen dieser vier Tabellenkalkulationen aufzulisten und zu vergleichen:

href="https://www.heise.de/mac-and-i/downloads/65/2/1/7/2/5/5/4/Formelfunktionen_Vergleich.pdf

Beim Durchsehen der Liste fällt auf, dass auch in dem geliebten Excel einige (wichtige) Funktionen fehlen, die in einem der anderen Programme integriert sind:

Ostersonntag, Tagname, Monatsname, BasisInZahl (habe ich noch nie vermisst), Laufzeit, ZGZ, ISEMAIL, ISURL, AKTUEL, FORMEL (heißt in Excel: FORMELTEXT), BEREICH.ÜBERSCHNEIDEN, BEREICH.VERBINDEN, POLYNOM, COUNTUNIQUE, FARBE, UMRECHNEN (entspricht EUROKONVERT), B, KOVARIANZ (heißt KOVAR, KOVARIANZ.P und KOVARIANZ.S in Excel), SCHÄTZER.EXP.VOR.MULT, SCHÄTZER.EXP.MULT, KLARTEXT, REGEXEXTRACT, REGEXMATCH, REGEXREPLACE und 59 weitere Funktionen ...

13.6. IDENTISCH

Eigentlich unterscheidet Excel zwischen Text und Zahl. Eigentlich. Sicherlich kennen Sie folgendes Phänomen:

Eine Spalte ist als Text formatiert:

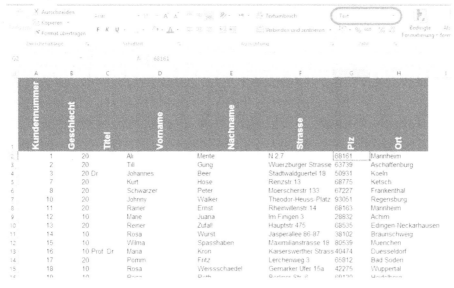

In einer anderen Spalte stehen ZAHLEN. Diese werden mit der Funktion SVERWEIS als #NV (nicht vorhanden) quittiert:

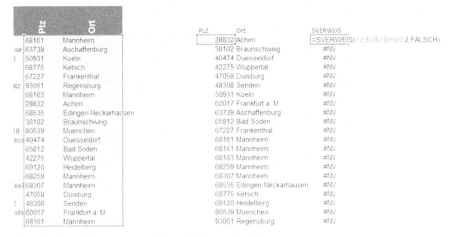

Das habe ich schon mehrmals beschrieben.

Ebenso werden sie bei der Überprüfung auf Gleichheit

{=ODER(K2=$G$2:$G$22)}

(als Matrixformel) korrekt als unterschiedliche Werte erkannt:

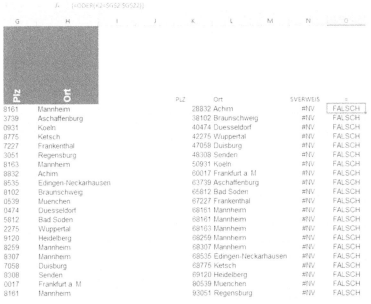

Verwendet man statt dem Gleichheitsoperator "=" jedoch die Funktion IDENTISCH werden die Texte und Zahlen als gleich(wertig) eingestuft:

{=ODER(IDENTISCH(K2;$G$2:$G$22))}

Plz	Ort		PLZ	Ort	SVERWEIS	=	IDENTISCH
68161	Mannheim		28832	Achim	#NV	FALSCH	=ODER(IDENTISCH(F2:$D$2:$D$22)
63739	Aschaffenburg		38102	Braunschweig	#NV	FALSCH	WAHR
50931	Koeln		40474	Duesseldorf	#NV	FALSCH	WAHR
68775	Ketsch		42275	Wuppertal	#NV	FALSCH	WAHR
67227	Frankenthal		47058	Duisburg	#NV	FALSCH	WAHR
93051	Regensburg		48308	Senden	#NV	FALSCH	WAHR
68163	Mannheim		50931	Koeln	#NV	FALSCH	WAHR
28832	Achim		60017	Frankfurt a. M	#NV	FALSCH	WAHR
68535	Edingen-Neckarhausen		63739	Aschaffenburg	#NV	FALSCH	WAHR
38102	Braunschweig		65812	Bad Soden	#NV	FALSCH	WAHR
80539	Muenchen		67227	Frankenthal	#NV	FALSCH	WAHR
40474	Duesseldorf		68161	Mannheim	#NV	FALSCH	WAHR
65812	Bad Soden		68161	Mannheim	#NV	FALSCH	WAHR
42275	Wuppertal		68163	Mannheim	#NV	FALSCH	WAHR
69120	Heidelberg		68259	Mannheim	#NV	FALSCH	WAHR
68259	Mannheim		68307	Mannheim	#NV	FALSCH	WAHR
68307	Mannheim		68535	Edingen-Neckarhausen	#NV	FALSCH	WAHR
47058	Duisburg		68775	Ketsch	#NV	FALSCH	WAHR
48308	Senden		69120	Heidelberg	#NV	FALSCH	WAHR
60017	Frankfurt a. M		80539	Muenchen	#NV	FALSCH	WAHR
68161	Mannheim		93051	Regensburg	#NV	FALSCH	WAHR

Ebenso übergeht ZÄHLENWENN diesen Unterschied:

Plz	Ort		PLZ	Ort	SVERWEIS	=	IDENTISCH	ZÄHLENWENN
68161	Mannheim		28832	Achim	#NV	FALSCH	WAHR	=ZÄHLENWENN($D$2:$D$22,K2)
63739	Aschaffenburg		38102	Braunschweig	#NV	FALSCH	WAHR	1
50931	Koeln		40474	Duesseldorf	#NV	FALSCH	WAHR	1
68775	Ketsch		42275	Wuppertal	#NV	FALSCH	WAHR	1
67227	Frankenthal		47058	Duisburg	#NV	FALSCH	WAHR	1
93051	Regensburg		48308	Senden	#NV	FALSCH	WAHR	1
68163	Mannheim		50931	Koeln	#NV	FALSCH	WAHR	1
28832	Achim		60017	Frankfurt a. M	#NV	FALSCH	WAHR	1
68535	Edingen-Neckarhausen		63739	Aschaffenburg	#NV	FALSCH	WAHR	1
38102	Braunschweig		65812	Bad Soden	#NV	FALSCH	WAHR	1
80539	Muenchen		67227	Frankenthal	#NV	FALSCH	WAHR	1
40474	Duesseldorf		68161	Mannheim	#NV	FALSCH	WAHR	2
65812	Bad Soden		68161	Mannheim	#NV	FALSCH	WAHR	2
42275	Wuppertal		68163	Mannheim	#NV	FALSCH	WAHR	1
69120	Heidelberg		68259	Mannheim	#NV	FALSCH	WAHR	1
68259	Mannheim		68307	Mannheim	#NV	FALSCH	WAHR	1
68307	Mannheim		68535	Edingen-Neckarhausen	#NV	FALSCH	WAHR	1
47058	Duisburg		68775	Ketsch	#NV	FALSCH	WAHR	1
48308	Senden		69120	Heidelberg	#NV	FALSCH	WAHR	1
60017	Frankfurt a. M		80539	Muenchen	#NV	FALSCH	WAHR	1
68161	Mannheim		93051	Regensburg	#NV	FALSCH	WAHR	1

Auch hier gilt mal wieder - schade, dass Excel an so vielen unterschiedlich ist, beziehungsweise einfach nicht konsequent. Kein Verlass auf gar nichts!

13.7. Wahr und Falsch

Excel ist an vielen Stellen nicht konsequent. Der Text „1" ist beispielsweise etwas anderes als die Zahl 1. Dennoch kann man den Text mit 1 multiplizieren.

Ebenso verhält es sich mit WAHR und 1. Eigentlich entspricht Wahr dem Wert 1 und Falsch dem Wert 0. Eigentlich. Multipliziert man die beiden Werte WAHR und FALSCH, beziehungsweise die Funktionen =WAHR() und =FALSCH() mit 1, erhält man 1 beziehungsweise 0. Intern handelt es sich jedoch um einen anderen Wert. Also

```
=WAHR=1
```

liefert FALSCH.

Und diese Unschärfe führt auch dazu, dass Wahr-Werte nicht addiert werden können:

```
=SUMMENPRODUKT(C:C="Briefpapier")
```

liefert 0.

```
=SUMMENPRODUKT((C:C="Briefpapier")*1)
```

dagegen das korrekte Ergebnis:

13.8. Blätter kopieren

Schon irgendwie doof!

In einer Arbeitsmappe befindet sich ein Tabellenblatt – nennen wir es „Jena". In dieser Mappe befindet sich ein zweites Tabellenblatt, das Bezug auf das erste Blatt nimmt. Die Formeln können dann beispielsweise so aussehen:

```
=Jena!H4
```

In einer zweiten Arbeitsmappe gibt es auch ein Tabellenblatt „Jena". Wird nun das zweite Blatt aus der ersten Daten in die zweite kopiert oder werden die Zellen in die zweite Datei kopiert, so wird der Bezug auf die erste Datei „mitgenommen" und nicht auf die zweite Datei:

Ärgerlich!

13.9. Verweis auf andere Datei

Einfach blöde. Ich habe einen Verweis von einer Excelmappe auf eine andere:

Diese Mappe wird unter einem anderen Namen gespeichert. Der Verweis wird nun auf die neue Datei gesetzt; bleibt nicht mehr bei der alten:

Leider stellt Excel keinen Schalter zur Verfügung, diesen Verweis NICHT mitzunehmen.

13.10.   Vor dem 01.01.1900

Ein Teilnehmer der Excelschulung gestern hat es ausprobiert:

Trage Sie ein Datum ein, beispielsweise [Strg] + [.] -> das aktuelle Datum. In einer anderen Zelle berechnen Sie den Tag davor, also:

`=A1-1`

Was passiert, wenn das Datum nun 01.01.1900 lautet? Wissen Sie es? Probieren Sie mal aus, welcher Tag in Excel vor dem 01. Januar/Jänner 1900 kam.

13.11.   Namen in Steuerelementen

Wer in Excel gerne mit Namen arbeitet, weiß die Funktionstaste [F3] zu schätzen. Man kann den Dialog, der die Namen anzeigt aus der bedingten Formatierung, der Datenüberprüfung, den Diagrammen, … heraus aufrufen.

Leider nicht aus den Steuerelementen heraus, wenn dort im Formatierungsdialog ein Wert in eine Zelle geschrieben wird, die einen Namen hat.

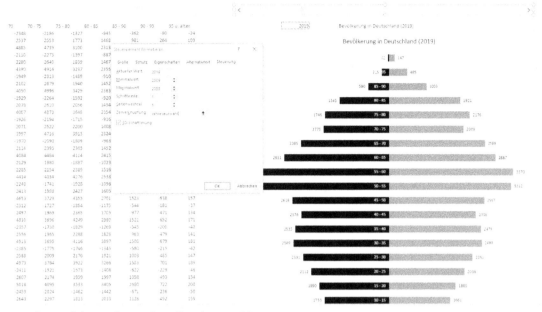

Danke an Tony de Jonker für diesen Hinweis

13.12.   Mehrere WENNs

Hallo Herr Martin,

ich befinde mich derzeit in einem Excel-Grundkurs und bin bei einer „verschachtelten Wenn-Funktion" auf folgende Problematik gestoßen:

Excel rechnet nicht weiter, sobald der erste „Wahr"wert erreicht ist, was zu logischen Fehlern führt, sofern die Abfragewerte aufsteigend abgefragt werden.

Der „Sonst"Wert wird allerdings korrekt ausgegeben.

In meinem Beispiel habe ich dann die Abfragewerte 25% und 20% umgekehrt und es hat wie geplant funktioniert.

Wo liegt mein Fehler?

Haben Sie eventuell eine Idee zur Vereinfachung der Funktion?

Im voraus vielen Dank für Ihre Hilfe.

Mit freundlichen Grüßen

Jan

Hallo Herr S.,

Sie haben recht: Excel arbeitet Wenn-Funktionen baumartig ab. Also:

Wenn > 80% dann

wenn > 75% dann

sonst: Rest <= 75%

Sie können es aber auch „umbauen":

wenn <= 75% dann

wenn <= 80% dann

Rest: sonst > 80%

Tipp: ich zeichne manchmal so eine Baumstruktur auf, um es besser zu verstehen.

Tipp 2: schreiben Sie 2 und 5 und nicht „2" oder „5". Sie möchten ja mit dem Zahle weiterrechnen. Sie können übrigens auch 2% und 5% verwenden

Hallo Herr Martin,

vielen dank für die schnelle Antwort.

Das ganze ist ja ganz schön verwirrend, gibt es dann noch eine andere Funktion die das Ziel einfacher erreicht?

Schöne Grüße

Jan

Hallo Herr S.

schauen Sie sich einmal die Funktion SVERWEIS an – dort werden mehrere Fälle auf einer Ebene abgearbeitet.

13.13.　　Einen Text als Text formatieren

Was passieren kann, wenn man einen Text als Text formatiert – darauf habe ich schon hingewiesen. Auch was passiert, wenn man einen (langen) Text als Buchhaltung formatiert:

Amüsant ist dagegen auch folgendes Phänomen: Wenn man einen Text als Datum, Prozentwert oder Währung formatiert:

und dann mit der Funktion LÄNGE weiter rechnet – allerdings mit mindestens zwei Rechenoperationen (beispielsweise LÄNGE – 1 oder LÄNGE x 1), dann wird das Zahlenformat übernommen:

Erstaunlicherweise: FINDEN und SUCHEN liefern auch Zahlen – sie übernehmen jedoch nicht das Zahlenformat.

13.14.   Funktionen und Formate

Eine Funktion liefert einen Wert.

Schnell entdeckt man jedoch, dass auch Formatierungen übernommen werden. Meistens korrekt:

Steht in A1 eine Zahl, die als Währung oder Buchhaltung formatiert ist, dann wird eine Berechnung

=A1*19% als Währung oder Buchhaltung formatiert.

Stehen in A1 und A2 Datumsangaben, dann liefert die Differenz eine Zahl und kein Datum. Wird jedoch

=A1+30 berechnet, so ist das Ergebnis als Datum formatiert. Die Summe, Mittelwert, Max und Min von mit Währung oder Buchhaltung formatierten Zellen, werden korrekt wieder in diesem Format angezeigt. So weit, so gut.

Allerdings liefert

```
=WENN(WOCHENTAG(A1;2)>5;A1+3;A1+1)
```

leider kein Datum, sondern eine Zahl.

(Erklärung: Ermittle zu einem Datum den nächsten Arbeitstag)

Und schließlich: Steht in A1 ein Text, beispielsweise „Excel nervt". Ist diese Zelle als Text formatiert (okay – nicht nötig; aber stört eigentlich nicht), so liefert:

```
=LÄNGE(A1)
```

die Zahl 11.

Jedoch liefert:

```
=LÄNGE(A1)*1
```

den Text „11" (linksbündig). Editiert man die Zelle, so steht die Formel nun als Formel in der Zelle. Irgendwie doof ...

14 Tabellen / intelligente Tabellen

14.1. Datenschnitte

Heute: eine Schulung „umsteigen von Office 2007 auf Office 2016". In 3,5 Stunden. Viel zu wenig Zeit für vier Programme (natürlich kamen auch noch Fragen zu OneNote). Also die wichtigsten Dinge ansprechen.

Beispielsweise die Datenschnitte in Excel.

Eine Teilnehmerin meldete sich und fragte, warum bei ihr die Datenschnitte nicht funktionieren:

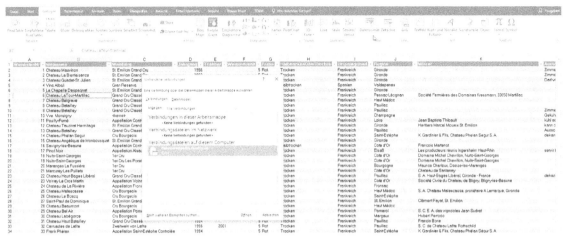

Die Antwort war schnell gefunden: Die Tabelle wurde nicht als „intelligente Tabelle" formatiert. Das kann man schnell an der fehlenden Registerkarte „Tabellentools" erkennen.

Wahrscheinlich hatte sie die Option Einfügen / Tabelle betätigt und dann die Tabelle wieder über Tabellentools / Entwurf / In Bereich konvertieren zurück verwandelt. Sieht man nicht auf den ersten Blick, weil die Formatierungen bleiben.

Wir lernen heute: Datenschnitte können nur auf Pivottabellen oder intelligenten Tabellen aufgesetzt werden.

14.2. Keine intelligente Tabelle

Gestern in der Excelschulung. Wir üben Tabellen (intelligente Tabellen, dynamische Tabellen, formatierte Tabellen). Eine Teilnehmerin fragt, warum bei ihr das Symbol grau unterlegt ist – warum sie keine Tabelle erstellen darf. Es gibt zu viele Möglichkeiten – ich gehe zu ihrem Rechner:

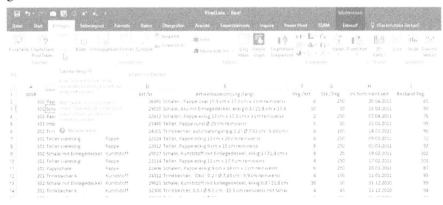

Die Ursache ist schnell gefunden – sie hat bereits eine Tabelle erstellt; diese allerdings wieder weiß eingefärbt. Das sieht man deutlich an den Tabellentools / Registerkarte „Entwurf".

14.3. Der letzte Datensatz wird gelöscht

Auch hübsch. Wir erstellen eine intelligente Tabelle.

Tragen Sie unterhalb der Tabelle einen neuen Datensatz ein:

	Weinlistenb	Weinname	Weinberg	Jahrgang	Trinkbar	WeinsortenNr	Farbe	Halb
51	50	Chateau Mauvinon	St. Emilion Grand	1997	2000	5	Rot	Troc
52	51	Chateau Maucaillo	Cru bourgeois	1996		5	Rot	trock
53	52	Domaine Daulny	Appellation Sanc	1997		15	Weiß	trock
54	53	Chateau LaTour-M	Grand Cru Classe	1996		5	Rot	Troc
55	54	Les Granges	Appellation Haut-	1996		5	Rot	trock
56	55	Chateau de Migno	Appellation Saint	1994		5	Rot	trock
57	56	Beaune 1er Cru	Beaune Premier	1994	2002	4	Rot	Halb
58	57	Beaune 1er Cru	Beaune Premier	1995	2002	4	Rot	Halb
59	58	Beaune 1er Cru	Beaune Premier	1995	2002	2	Rot	Halb
60	59	Domaine Daulny	Appellation Sanc	1997				
61								

Sie bemerken, dass dieser Datensatz bereits vorhanden ist und drücken [Strg] + [-], um ihn zu löschen. Der Cursor bewegt sich an den Anfang der Tabelle. Sie drücken erneut [Strg] + [-] und stellen mit Entsetzen fest, dass Excel nicht die aktuelle Zeile, sondern die aktuelle Spalte ohne Nachfragen gelöscht hat:

	A Weinberg	B Jahrgang	C Trinkbar	D Weinsort	E Farbe	F Halbtrocken
1	Weinberg	Jahrgang	Trinkbar	Weinsort	Farbe	Halbtrocken
2	St. Emilion Grand Cru	1996		5	Rot	Trocken
3	St. Emilion Grand Cru	1993		5	Rot	Trocken
4	St. Emilion Grand Cru	1994		5	Rot	Trocken
5	Gran Reserva	1989		6	Rot	Halbtrocken
6	St. Emilion Grand Cru	1995		5	Rot	Trocken
7	Grand Cru Classé de	1995	2002	5	Rot	Trocken
8	Grand Cru Classé	1996	2002	5	Rot	Trocken
9	Grand Cru Classé	1992	2000	5	Rot	Trocken
10	Grand Cru Classé	1994		5	Rot	Trocken
11	<keine>	0		6	Weiß	Trocken
12	Appellation Controlée	1995		15	Weiß	Trocken
13	St. Emilion Grand Cru	1995		5	Rot	Trocken
14	Grand Cru Classé	1996	2002	5	Rot	Trocken
15	Cru Bourgeois	1996		5	Rot	Trocken
16	St. Emilion Grand Cru	1995	2001	5	Rot	Trocken
17	Appellation Controlée	1995		4	Rot	Halbtrocken
18	Appellation Alsace co	1996		18	Rosé	Trocken
19	1er Cru	1992		4	Rot	Trocken
20	1er Cru Les Porets	1995		4	Rot	Trocken
21	1er Cru	1995		4	Rot	Trocken
22	1er Cru	1996		4	Rot	Trocken
23	Grand Cru Classé en	1996		5	Rot	Trocken

14.4. Zeile einfügen

Amüsant: Wenn man in einer (intelligenten) Tabelle [Strg] + [+] drückt wird eine Zeile eingefügt.

Befindet sich diese Tabelle am oberen Rand des Tabellenblatts, also: steht die Überschrift in Zeile 1, dann bewirkt [Strg] + [+] – gar nichts!

Man muss die gesamte Zeile markieren, um eine leere Zeile über der Tabelle einzufügen:

14.5. Datumsangaben mit unterschiedlichen Abständen

Heute in der Excel-Schulung haben wir folgendes interessante Phänomen festgestellt:

In einer (intelligenten) Tabelle befindet sich eine Reihe mit Datumsangaben, die nicht fortlaufend vorhanden sind. Auf der Reihe und den zugehörigen Werten (beispielsweise Geldbeträgen) wird nun ein Diagramm aufgesetzt. Das Ergebnis verblüfft: die Abstände der Datumsangaben werden gemäß ihrem Datumswert auf der Achse abgetragen.

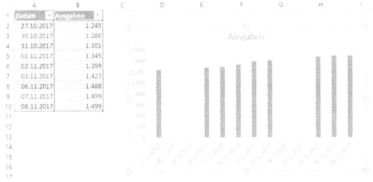

Und was, wenn ich das nicht will?

Nun – Excel interpretiert bei intelligenten Tabellen die „automatische Auswahl basierend auf den Daten" gemäß der Datumswerte. Kann man umschalten in „Textachse".

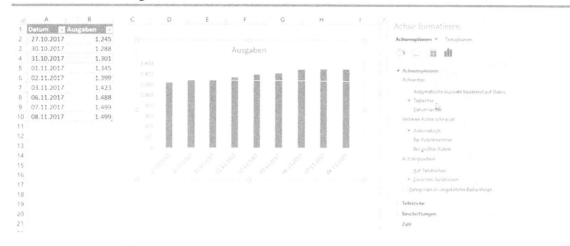

14.6. Keine Überschriften

In der letzten Excel-Schulung habe ich die (intelligenten) Tabellen vorgestellt. Ich zeige, dass die Spaltenköpfe A, B, C, ... durch die Überschriftszeile ersetzt werden:

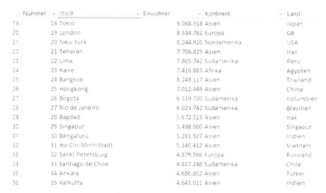

Ein Teilnehmer fragt mich, warum es bei ihm nicht funktioniere.

Die Antwort ist schnell gefunden: er hatte eine Fixierung eingeschaltet.

14.7. Anzahl in der Statuszeile

Ist mir noch nie aufgefallen.

Ich erstelle eine intelligente Tabelle. Filtere Daten. In der Statuszeile steht – praktischerweise – die Anzahl der gefilterten Daten.

Wenn ich die Liste nun fortsetze, verschwindet die Anzeige leider nicht. Und liefert somit ein falsches Ergebnis. Schade!

15 Text in Spalten

15.1. Blitzvorschau

In einer Liste befindet sich in einer Spalte Vorname und Zuname. Daneben steht in einer Spalte die Email-Adresse. Was macht die Blitzvorschau, wenn sie nun die Möglichkeit hätte, den Vornamen sowohl aus der Namesspalte als auch aus der Mailspalte herauszuholen?

	A	B	C	D	E	F	G	H	I	J	K
1	Kundennummer	Geschlecht	Titel	Name	Strasse	Plz	Ort	Jahresbetrag	Mitgliedschaft	E-Mail	
2	1	20		Ali Mente	N 2 7	68161	Mannheim	148	Platinum	Ali@googlemail.com	Ali
3	2	20		Till Gung	Wuerzburger Strasse 1	63739	Aschaffenburg	148	Platinum	Till@hotmail.com	Till
4	3	20	Dr.	Johannes Beer	Stadtwaldguertel 18	50931	Koeln	148	Platinum	Cadillac@yahoo.de	
5	7	20		Kurt Hose	Renzstr 13	68775	Ketsch	148	Platinum	Ed@tynet.de	
6	8	20		Schwarzer Peter	Moerscherstr 133	67227	Frankenthal	148	Platinum	Peter@22freenet.de	
7	9	10		Maria Zell	Gottfried-Keller-Str 93	01157	Dresden	148	Platinum	Galileo@goodmails.de	
8	10	20		Johnny Walker	Theodor-Heuss-Platz 1	93051	Regensburg	148	Platinum	Cairo@topmail.de	
9	11	20		Rainer Ernst	Rheinvillenstr 14	68163	Mannheim	148	Platinum	Xantus@basemail.eu	
10	12	10		Marie Juana	Im Finigen 3	28832	Achim	148	Platinum	Galmo@gomail.ws	
11	13	20		Reiner Zufall	Hauptstr 475	68535	Edingen-Neckarhausen	148	Platinum	Zack@abi-2000.de	
12	14	10		Rosa Wurst	Jasperallee 86-87	38102	Braunschweig	148	Platinum	Wurst@85everymail.net	
13	15	10		Wilma Spasshaben	Maximilianstrasse 18	80539	Muenchen	148	Blue	Poppen@89locos.com	
14	16	10	Prof. Dr.	Maria Kron	Kaiserswerther Strasse 117	40474	Duesseldorf	148	Platinum	Gaheris@hotmail.de	
15	17	20		Pomm Fritz	Lerchenweg 3	65812	Bad Soden	172	Gold	Xanto@beer.de	
16	18	10		Rosa Weissschaedel	Gemarker Ufer 15a	42275	Wuppertal	136	Blue	Weissschaedel@11eudora.de	
17	19	10		Rosa Roth	Berliner Str 6	69120	Heidelberg	148	Platinum	Roth@18darksites.com	
18	20	20		Rainer Wein	Hauptstr 114 A	68259	Mannheim	148	Platinum	Xemc@aol.de	
19	21	10		Heidi Kraut	Braunschweiger Allee80	68307	Mannheim	148	Platinum	Heidi@strato.de	
20	22	20	Dr.	Peter Petersilie	Keetmanstr 3-9	47058	Duisburg	148	Standard	Xandor@cyberwoman.com	

Die Antwort: der gefundene Name wird aus der ersten Spalte herausgeholt – ohne Hinweis, Warnung oder Fehlermeldung. Das heißt: Bei der Verwendung der Assistenten: Genau hinschauen!

16 Sortieren

16.1. Benutzerdefinierten Listen

Heute Excel mit Office 365 unterrichtet. Ich wollte die benutzerdefinierten Listen zeigen.

Wollte zeigen, dass man dort mit einem Umbruch einen neuen Eintrag eingeben kann:

Ging aber nicht!

Also gut; – dann eben per Komma trennen – geht doch auch!

16.2. Sortieren wäre schön – in Visio

Diese Woche in der Visio-Schulung.

Wir importieren als Datenquelle ein Tabellenblatt von Excel an eine Zeichnung.

Leider kann man dort weder filtern noch suchen. Das macht das Auffinden bei mehreren Tausend Datensätzen mühsam. Selbst bei 200 Zeilen nützt das Sortieren nicht viel, weil man nun mühevoll mit dem Mausrädchen nach unten scrollen muss. Sollte in Visio implementiert werden.

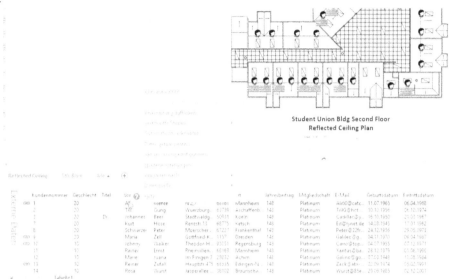

16.3. Herr Sonntag und Frau April

Amüsant. Einer der Verkäufer – Herr Sonntag – wird in einer Pivottabelle nach oben sortiert:

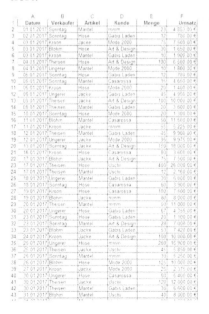

Die Vermutung liegt nahe, dass Excel zuerst Monatsnamen und Wochentage sortiert und dann den „Rest" alphabetisch. Schön und gut – aber wie bekommt man den Sonntag einsortiert?

Die Antwort findet sich in den „weiteren Sortieroptionen": Dort muss „Sortiert nach" – der richtigen Spalte eingeschaltet sein. Und anschließend schaltet man über den Befehl „weitere Optionen" „bei jeder Berichtsaktualisierung automatisch sortieren" aus.

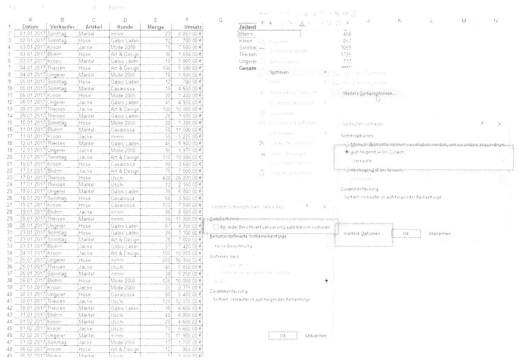

Ein weiteres Dankeschön an Pia Bork, die nicht nur das Problem kannte, sondern auch seine Lösung.

16.4. Sortieren wiederholen

Hallo,

ich konnte bei meinem geliebten Excel 2003 mehrere Tabellenbereiche, die nacheinander mit den gleichen verschachtelten Sortierkriterien sortiert werden sollten, einfach nacheinander markieren, nach dem ersten Block die Kriterien erstellen und sortieren, dann nach dem zweiten, dritten, ... Block einfach nur Strg-Y zum Wiederholen drücken und die gleichen Kriterien wurden auf den nächsten Block angewendet.

Wenn ich das jetzt in Excel 2016 versuche, wird beim Drücken von Strg-Y nicht der aktuell markierte Bereich mit den vorher erstellen Kriterien sortiert, sondern die Sortierung des vorher markierten Blocks wird wiederholt.

Und die mühevoll erstellten Sortierkriterien vergisst Excel zu allem Überfluß dann auch noch, daß ich diese beim jedem neuen Block manuell neu erstellen muss.

Das nervt – und verdient es vielleicht, in die Rubrik der nervenden Excel-Features aufgenommen zu werden...

Oder bin ich einfach nur zu dämlich? Gibt es etwa irgendeine versteckte Einstellung, die bewährte Funktion des Wiederholens einer Sortierung wieder zu reanimieren? Oder ist hier eine wichtige Funktion einfach unterschlagen worden?

Viele Grüße

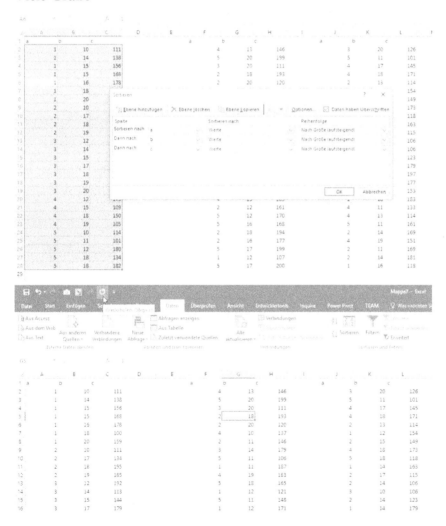

Hallo Herr J.,

und das ging früher wirklich? Ich gestehe: im „alten" Excel habe ich das nie gemacht/benötigt. Ich gestehe – ich habe kein „altes" Excel mehr hier – aber ich glaube Ihnen mal. Ich wüsste auch nicht, wie man das Sortieren auf eine andere Art wiederholen könnte.

Wenn Sie es in ein Forum stellen, werden gefühlte 100.000 Excel-User posten „das kann man doch programmieren". Andere 100.000 werden schreiben „nimm doch eine Datenbank, bspw. Access".

schöne Grüße und Danke für den Hinweis

Rene Martin

PS : Ist das ein Trost: gerade probiert – in libreOffice Calc funktioniert „Wiederholen" auch nicht ...

17 Filtern

17.1. AutoFilter und Ziehen

Was ist denn das? Und überhaupt: Warum ist mir das noch nicht früher aufgefallen?

Ich erstelle eine Liste; schalte dort den Autofilter ein und filtere. Unter der Liste trage ich einen Monatsnamen oder Wochentag ein und ziehe ihn herunter. Excel weigert sich „weiterzuzählen":

Der Autofilter bleibt weiterhin eingeschaltet; es sind jetzt aber keine Daten gefiltert. Nun darf ich weiterzählen:

Unabhängig von der Filterung – nach rechts darf ich ziehen und Reihe ausfüllen:

Übrigens: bei einer gefilterten intelligenten Tabelle tritt dieser Effekt nicht auf:

Sehr seltsam. *grübel*

17.2. Zeilennummern mit Lücken

Heute musste ich schmunzeln.

Excelschulung: Einführung in Excel. Ich zeige, wie man eine Zeile löscht.

Ein Teilnehmer meldet sich und sagt, dass bei ihm am Arbeitsplatz die Zeilennummern Lücken aufweisen. Dass es Kollegen hinbekommen haben, die fortlaufende Nummerierung zu durchbrechen.

Ich schaue ihn erstaunt an und erwidere, dass das nicht geht. Beim Löschen einer Zeile werden nachfolgende Zeilen „nach oben geschoben". Die Nummerierung bleibt.

Ich frage ihn, ob sie vielleicht Zeilen ausgeblendet haben. Er verneint.

Am Nachmittag üben wir wie man filtert. Ich zeige den Autofilter.

Der Teilnehmer strahlt und freut sich: „ich glaube, ich weiß jetzt, warum Zeilennummern fehlen. Die haben einen Filter eingeschaltet."

17.3. Keine Nullen in Pivottabellen

Erstaunlich.

Eine Pivottabelle gruppiert alle Daten und summiert bei manchen den Wert 0. Diese Zeilen möchte man nun löschen (heißt: filtern). Wenn man den Filter in der Feldliste auswählt passiert – NICHTS!

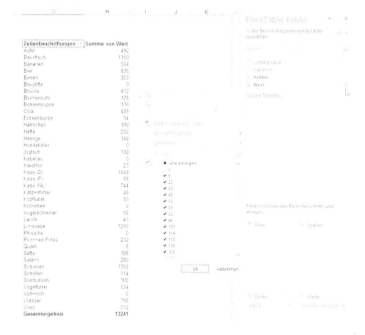

Man muss den Filter der Pivottabelle bemühen, also den Wertefilter der Zeilenbeschriftungen. dann klappt es.

Ein dankeschön an Pia Bork für diesen Hinweis.

17.4. Datenschnitte und Schutz

Das ist ärgerlich! Wenn ich ein Tabellenblatt schütze, habe ich die Möglichkeit festzulegen, dass der Anwender filtern darf, das heißt den Autofilter verwenden darf:

Leider kann er auf dem geschützten Blatt nicht mit Datenschnitten arbeiten!

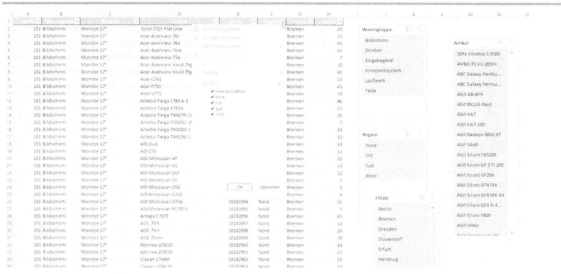

Die Antwort: Doch! Sie müssen die beiden Optionen „AutoFilter verwenden" UND „Objekte bearbeiten" aktivieren. Dann kann der Anwender auch mit den Datenschnitten arbeiten:

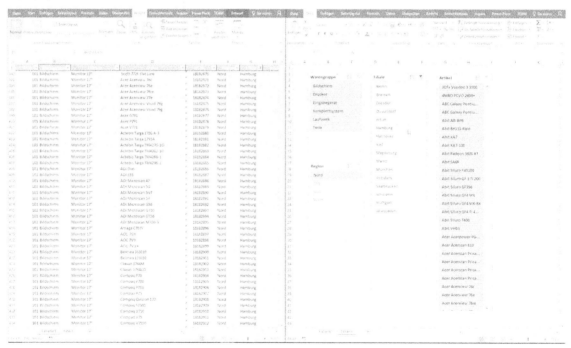

Oder Sie legen die Datenschnitte auf ein zweites, nicht geschütztes Tabellenblatt. Dann klappt es auch:

17.5. Veralteter Datenschnitt

So schnell kann man alt aussehen. Versuchen Sie mal Folgendes:

Erstellen Sie eine Liste und formatieren Sie diese als intelligente Tabelle.

Legen Sie einen Datenschnitt fest.

Tragen Sie neben der Tabelle Kriterien ein und filtern die Tabelle mit Hilfe des Spezialfilters („Erweitert") an eine andere Stelle.

Und schon ist der Datenschnitt veraltet! So schnell geht es!

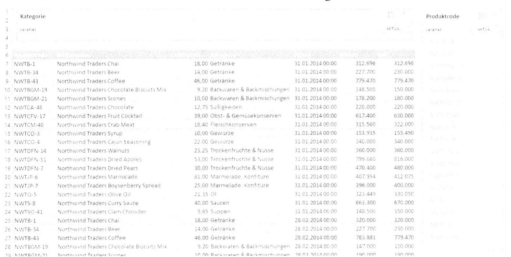

Zum Glück kann man ihn wieder aktualisieren.

17.6. Filter nicht löschen

Was ist denn das schon wieder? Ich darf den Filter „löschen" aber nicht ausschalten! Auch alle anderen Schaltflächen sind „ausgegraut".

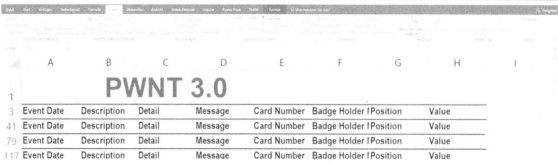

Die Antwort: Auf dem Tabellenblatt befindet sich eine Linie. Diese Linie ist markiert. Deshalb sind viele Tabellenfunktionen deaktiviert.

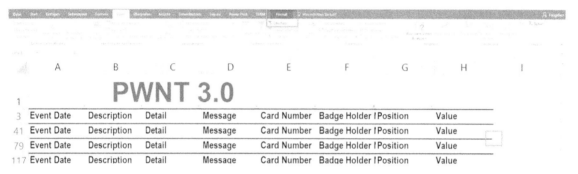

17.7. Autofilter oder Spezialfilter?

Noch eine hübsche Frage aus der Schulung:

Wir üben den Spezialfilter, der über die Schaltfläche „Erweitert" in der Registerkarte „Daten" erreichbar ist.

„Ich erhalte eine seltsame Fehlermeldung", lautet die Teilnehmerfrage:

Klar: „Sie haben nicht auf die Schaltfläche „Erweitert" geklickt, sondern auf das Filtersymbol, mit dem der Autofilter eingeschaltet wird. Und – Excel hat recht – „Dies kann nicht auf den ausgewählten Bereich angewendet werden." Eben – es wurde nur eine Zelle ohne Daten markiert.

17.8. Langsame Duplikatensuche

Gestern beim Programmieren. Ich habe eine Liste – sagen wir mal mit zirka 50.000 Einträgen. Eigentlich nicht viel für Excel. Ich starte den Assistenten „Spezialfilter" (Daten / Sortieren und Filtern / Erweitert) mit der Option „Keine Duplikate":

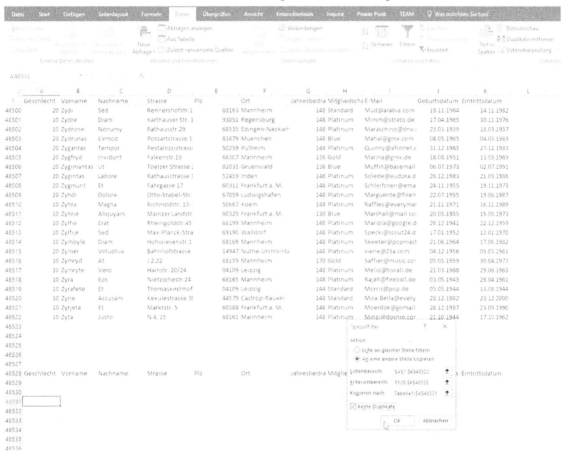

Das Ergebnis: Excel wird sehr, sehr langsam (er benötigt zirka eine Minute für das Berechnen – wenn nicht sogar ein Absturz die Folge ist):

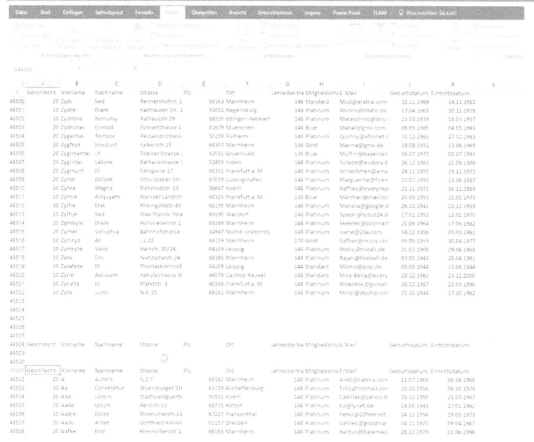

Die Lösung: „Duplikate entfernen" im gleichen Register, Gruppe „Datentools". In Bruchteilen von Sekunden erhalte ich das Ergebnis:

Meine Vermutung: Assistenten, die irgendwann in Excel Einzug hielten, werden NIEMALS mehr überarbeitet! Schade eigentlich.

17.9. Gefilterte Daten überschreiben

Achtung!

Wir haben eine Liste, auf die wir einen Filter anwenden:

Nr	Länge	Name	Kontinent	Quellgebiet	Mündung	Einzugsgebiet	Mittlerer Abfluss
1	6852 km	Nil	Afrika	Ruandaberge	Mittelmeer	3254853 km²	2660 m³/s
2	6448 km	Amazonas	Südamerika	Anden: Peruanische Ostkordillere	Atlantischer Ozean	6112000 km²	206000 m³/s
3	6380 km	Jangtsekiang	Asien	Tibet	Ostchinesisches Meer	1722155 km²	31900 m³/s
4	6051 km	Mississippi	Nordamerika	Rocky Mountains	Golf von Mexiko	2981076 km²	18400 m³/s
5	5540 km	Jenissei	Asien	Sajangebirge	Arktischer Ozean	2554482 km²	19600 m³/s
6	5410 km	Ob	Asien	Mongolischer Altai	Obbusen	2972497 km²	12500 m³/s
7	5052 km	Amur	Asien	Chentii-Gebirge	Ochotskisches Meer	2400000 km²	11400 m³/s
8	4845 km	Gelber Fluss	Asien	Bayan-Har-Gebirge	Gelbes Meer	752000 km²	2570 m³/s
9	4835 km	Kongo	Afrika	Südlich des Tanganjikasees	Atlantischer Ozean	3730474 km²	41800 m³/s
10	4500 km	Mekong	Asien	Tibet	Südchinesisches Meer	795000 km²	15000 m³/s

Schreibt man in eine andere Zelle einen Wert, kopiert ihn und fügt ihn über die gefilterten Daten ein, funktioniert dies:

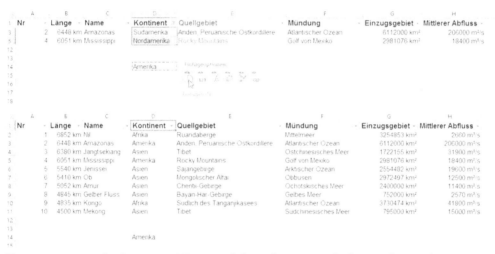

Kopiert man jedoch einen Wert und fügt ihn mit Inhalte einfügen / Werte ein, so werde die dazwischenliegenden Werte überschrieben:

Die Lösung: man muss nach dem Filtern die nur sichtbaren Zellen auswählen (Start / Bearbeiten / Suchen und Auswählen / Inhalte auswählen). Die Tastenkombination [Alt] + [Shift] + [,] (also: [Alt] + [Shift] + [;]) tut das Gleiche.

DANN sind Sie auf der sicheren Seite.

17.10. Eine Liste in eine andere kopieren

Heute in der Excel–Schulung kam eine interessante Frage:

Ich habe eine Liste.

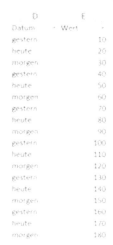

Die Liste wird gefiltert:

D	E
Datum .▼	Wert ▼
heute	20
heute	50
heute	80
heute	110
heute	140
heute	170

Nun wird versucht eine zweite Liste in die erste zu kopieren – das heißt: die Daten mit neuen Werten zu überschreiben:

Ich habe es nicht geschafft ...

18 Pivottable

18.1. Pivot aktuell

Ich öffne eine PivotTabelle. Erstaunlich: Neben den Monatsnamen befinden sich auch die Zahlen der Monate als Vorschlag. Aber beim Einblenden wird nichts angezeigt:

Auch in der Ursprungsliste befinden sich diese Werte nicht. Ein Blick auf die Datenherkunft zeigt, dass in der Liste eine Formel steht:

```
=WENN(ISTZAHL(A2);TEXT(DATUM(JAHR(A2);MONAT(A2);1);"MMM");"")
```

Wahrscheinlich wurde eine alte Formel, wie beispielsweise:

```
=WENN(ISTZAHL(A2);MONAT(A2);"")
```

durch diese Formel ersetzt.

Ein Aktualisieren der Pivottabelle nützt nichts, um die alten, nicht mehr vorhandenen Werte, zu löschen. Auch ein Entfernen der Spalte „Monat" nützt nichts. Man muss beides machen: das Feld entfernen, aktualisieren und erneut einfügen. Dann sind die „überflüssigen" Werte weg. Oder Sie schalten ein: Optionen -> Daten -> Elemente beibehalten, die aus der Datenquelle gelöscht wurden: Keine

18.2. % des Vorgängerzeilen-Gesamtergebnisses

Heute auf dem Exel-Stammtisch. Wir haben über die Begriffe diskutiert: % des Vorgängerzeilen-Gesamtergebnisses, % Differenz von, ...

Hier hätte Microsoft etwas bessere Begriffe verwenden können. Vielleicht in der nächsten Version.

Aber ein Dankeschön an Pia und Stefan, die uns diese Begriffe an Beispielen erklärt haben.

18.3. Umbenennen in Pivottabellen

Heute in der Excel-Schulung haben wir uns schon ein bisschen gewundert. Hand aufs Herz – hätten Sie das gewusst?

Wir erstellen eine Pivottabelle:

Mit [F2] kann man eine Zelle editieren und den Text ändern. Ich ändere den Text „GROSS" in „klein". Konsequenterweise wird nun „klein" in „GROSS" umbenannt:

kG	Wert		Zeilenbeschriftungen	Summe von Wert
klein	1		klein	6
klein	2		GROSS	600
klein	3		**Gesamtergebnis**	**606**
GROSS	100			
GROSS	200			
GROSS	300			

Wenn ich nun aber „klein" in „mittel", „GROSS" in „klein" und „mittel" in „GROSS" umbenenne – so habe ich die Texte vertauscht. verblüffend!

kG	Wert		Zeilenbeschriftungen	Summe von Wert
klein	1		mittel	6
klein	2		GROSS	600
klein	3		**Gesamtergebnis**	**606**
GROSS	100			
GROSS	200			
GROSS	300			

kG	Wert		Zeilenbeschriftungen	Summe von Wert
klein	1		GROSS	6
klein	2		klein	600
klein	3		**Gesamtergebnis**	**606**
GROSS	100			
GROSS	200			
GROSS	300			

18.4. Unterschiedliche Pivottabellen

Excel-Schulung. Thema Pivot. Frage einer Teilnehmerin: „Warum sieht Ihre Pivottabelle anders aus als unsere? Wir verwenden doch beide Excel 2016 und die gleichen Daten."

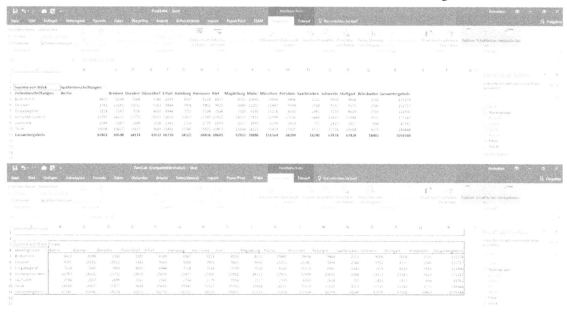

Die Antwort war schnell gefunden: Ich hatte auf meinem Laptop noch eine alte *.xls-Version der Beispieldatei erwischt – während ich den Teilnehmern die Datei als *.xlsx zur Verfügung gestellt hatte.

18.5. Rechnen in Pivottabellen

Hallo René,

und hier sende ich Dir die Datei mit meinen Hinweisen.

Aber warum nimmt Excel die neuen Zielumsätze (denen kein Umsatz vorausgegangen war) nicht ins Gesamtergebnis auf?

Ich berechne: Zielumsatz

```
=WENN(Umsatz>0;Umsatz*110%;500)
```

Viele Grüße

Angelika

Zeilenbeschriftungen	Spaltenbeschriftungen	Alice Mutton	Aniseed Syrup	Boston Crab Meat	Camembert Pierrot	Gesamtergebnis	
Buchanan							
Summe von Umsatz		2.769,00 €		540,75 €	2.448,00 €	5.757,75 €	
Summe von Zielumsatz		3.045,90 €	500,00 €	594,83 €	2.692,80 €	6.333,53 €	500 fehlen in Gesamtergebnis
Summe von Bonus		63,07 €	0,00 €	16,22 €	73,44 €	172,73 €	
Summe von Bonus 2 mit Wenn		83,07000 €	#WERT!	16,22250 €	73,44000 €	172,73250 €	
Callahan							
Summe von Umsatz		1.423,50 €	150,00 €	487,50 €	1.475,60 €	3.536,60 €	
Summe von Zielumsatz		1.565,85 €	165,00 €	536,25 €	1.623,16 €	3.890,26 €	
Summe von Bonus		42,71 €	4,50 €	14,63 €	44,27 €	106,10 €	

Hallo Angelika,

Ich weiß wo der Denkfehler – oder der Pivotfehler steckt:

Pivot rechet nicht Summe der einzelnen berechneten Werte, sondern: berechnet die Summe:

Also nicht (in deinem Beispiel 3.045,90 + 500,00 + 594,83 + 2.692,80), die ja berechnet sind:

```
=WENN(Umsatz>0;Umsatz*110%;500)
```

sondern Pivot rechnet: 2.769,00 + 0,00 + 540,75 + 2.448,00. Wenn diese Summe (5.757,75) > 0;Umsatz*110%;500) -> also 5.757,75 + 1,1 = 6.333,53

Nervt Excel?

Liebe Grüße :: Rene

18.6. „Werte" in Pivottabellen

Amüsant. Wollte gerade etwas ausprobieren:

Ich nenne eine Spalte „Name". Eine zweite Werte. Ich trage Phantasienamen und -werte ein. Setze eine Pivottabelle auf. Nö – „Werte" wird nicht akzeptiert – das muss schon Werte2 heißen!

18.7. Enthält bereits Daten

Amüsante Fehlermeldung. Dabei wollte ich doch nur ein weiteres Feld in eine Pivottabelle einfügen:

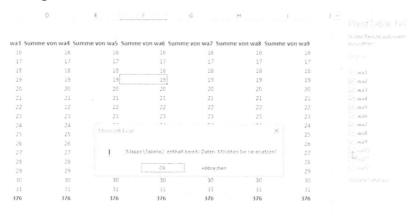

Aber die Ursache ist schnell gefunden: Neben der Pivottabelle befand sich eine Formel. Excel kann nicht eine Spalte einfügen, verschiebt also nicht die Tabelle, sondern überschreibt die Formel:

Die Frage bleibt: Hätte man nicht „Tabelle2 enthält bereits Daten" etwas anders formulieren können?

18.8. Gruppierungsmodus und berechnete Felder

Ich bin jeden Tag aufs Neue verblüfft.

Kennen Sie das? Ich erstelle eine Pivottabelle und darf dort ein „Berechnetes Element"
hinzufügen.

Statt gruppierten Textinformationen verwende ich ein Datumsfeld. Nun darf ich kein „Berechnetes Element" hinzufügen. Verstanden.

Ich lösche das Datumsfeld und füge erneut ein Feld hinzu, bei dem Texte gruppiert werden. Ich darf immer noch kein „Berechnetes Element" hinzufügen.

Pivot „merkt" sich den Gruppierungsmodus. Frech – gell!

18.9. Diskrete Anzahl

Ich erstelle eine PivotTabelle und möchte dort die Werte zusammenfassen.

Warum hat mein Kollege am Ende der Liste der Funktionen die Funktion „Diskrete Anzahl" – ich dagegen nicht:

Die Antwort: die letzte Funktion „Diskrete Anzahl" erscheint nur, wenn Sie beim Erstellen der Pivottabelle „dem Datenmodell diese Daten hinzufügen" aktivieren.

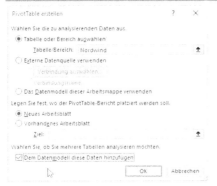

Ein Dankeschön an Christian für diesen Hinweis.

19 Merkwürdige Diagramme

19.1. Einzelne Datenpunkte verschieben

Heute in der Excelschulung kam mal wieder die Frage, ob man einzelne Datenpunkte in einem Diagramm verschieben kann. Meine Antwort ist „nein". Zu Hause überlege ich – vielleicht geht es ja doch – vielleicht gibt es irgendwo einen Schalter. Früher ging es doch auch.

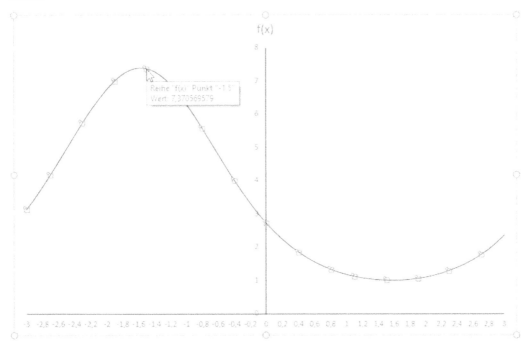

Leider nicht verschiebbar.

Ich schaue mich im Internet um: auf der Seite

http://www.pctipp.ch/tipps-tricks/kummerkasten/office/artikel/excel-2007-datenpunkt-im-diagramm-verschieben-51216/

finde ich folgenden Kommentar:

„Excel 2007: Datenpunkt im Diagramm verschieben

Problem: Ich habe hier ein einfaches Punkte-Diagramm. Darin möchte ich einen der Datenpunkte per Maus verschieben, so dass in der Bezugstabelle der entsprechende Wert angepasst wird. In Excel 2003 ging das noch, dachte ich. Wie siehts unter Excel 2007 aus?

Lösung: Bei der gesuchten Funktion handelt es sich um eine Art «grafische Zielwertsuche». Dieses Feature ist bzw. war tatsächlich in Excel 2003 noch vorhanden. Aufgrund der seltenen Nutzung hat's das Feature aber nicht mehr in die 2007-er und 2010-er Version von Excel geschafft."

Ich habe diesen und weiter zehn Punkte zu meiner Liste „Geht nicht – sorry, Leute ..." hinzugefügt. Den Teilnehmern ist einiges aufgefallen.

19.2. Beschriftung in Formen

Excel bietet in Diagrammen die Möglichkeit, die Beschriftung in Formen anzeigen zu lassen. Dumm nur, dass sie nicht in der Legende auftauchen.

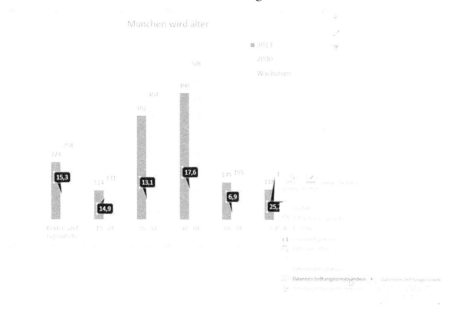

19.3. Null und nichts

Amüsant:

In einer Spalte werden die Preise in EUR angegeben. Da wir bis 2002 noch DM in Deutschland hatten werden in einer Spalte daneben die Euro-Preise eingetragen. Die EURO-Preise aus den 80er und 90er Jahren wurden umgerechnet. Darauf wird ein Liniendiagramm aufgesetzt.

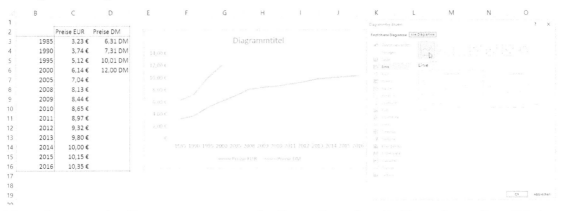

Verändert man den Datentyp in „gestapelte Linien" werden die Daten kumuliert. Die leeren Zellen werden als 0 interpretiert:

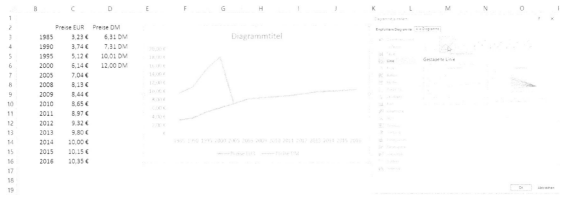

Wechselt man wieder zurück auf Linie, werden jetzt die leeren Zellen als Nullwerte verarbeitet.

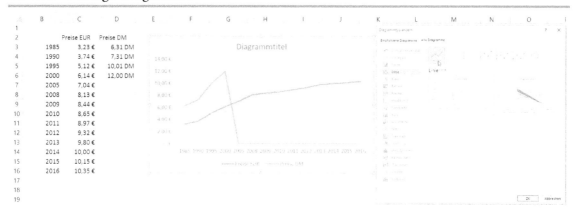

19.4. Zurücksetzen bei 3D

Heute in der Excelschulung. Wir erstellen ein 3D-Diagramm mit Hilfe der 3D-Oberfläche.

Die Teilnehmer entdecken die Drehung und beginnen die X-Drehung, Y-Drehung und Perspektive zu verändern.

Ein anderer Teilnehmer fragt mich: Warum passiert bei der Schaltfläche „Zurücksetzen"
gar nichts?

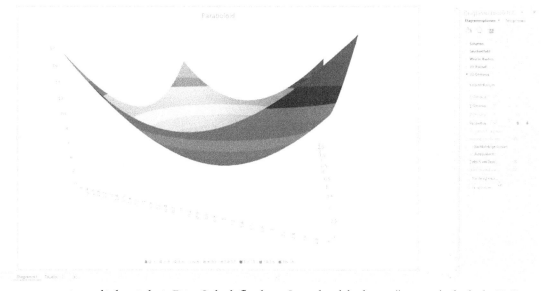

Ja – warum eigentlich nicht? Die Schaltfläche „Standarddrehung" setzt lediglich X-Drehung und Y-Drehung zurück. Schade – eigentlich!

19.5. Vertikale Ausrichtung: oben

Heute in der Excel-Schulung beim Erstellen eines Diagramms wunderte sich der Teilnehmer. Obwohl er „vertikale Ausrichtung: oben" aktiviert hatte, wanderten die Datenbeschriftungen nicht über die Markierungspunkte.

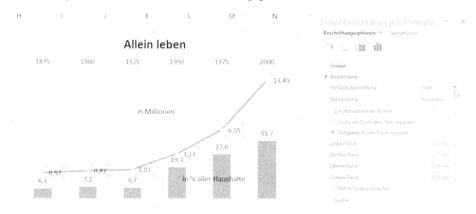

Die Ursache: Er hatte aus der Kategorie „Größe und Eigenschaften" die Textausrichtung gewählt und nicht aus den Beschriftungsoptionen die Beschriftungsposition:

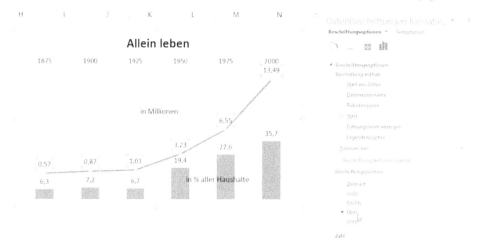

19.6. Unterschiedliche Dialoge

Manchmal haben meine Teilnehmer recht.

Mein Formatieren der Zeichen der Diagrammsbeschriftungen fiel einem Teilnehmer auf, dass dieser Dialog sehr unterschiedlich zum Dialog Zeichenformatieren einer Zelle aussieht:

Zum Vergleich: der Dialog zum Formatieren von Zeichen in PowerPoint:

19.7. Legende

In der letzten Excelschulung fragte mich ein Teilnehmer, warum ein Legendeneintrag in einem Diagramm fehle:

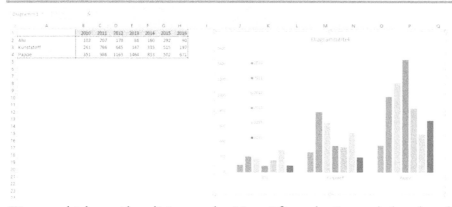

Ein verschieben, Aktualisieren oder Vergrößern der Legende brachte die fehlende Jahreszahl nicht zurück.

Wir konnten reproduzieren, was wahrscheinlich passiert ist: Jemand hat einen Legendeneintrag markiert und gelöscht:

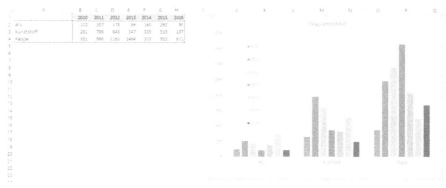

Und: man erhält den fehlenden Eintrag schnell wieder, indem die komplette Legende gelöscht wird und wieder eingefügt wird:

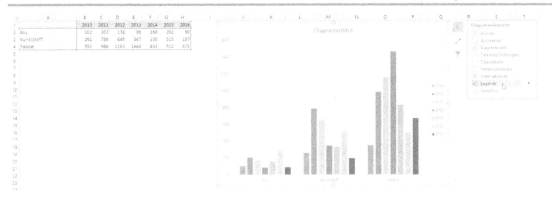

19.8. Äquidistante Punkte

Unglaublich: gestern (12.07.2017) fand sich in der Süddeutschen Zeitung auf Seite 8 folgendes Diagramm:

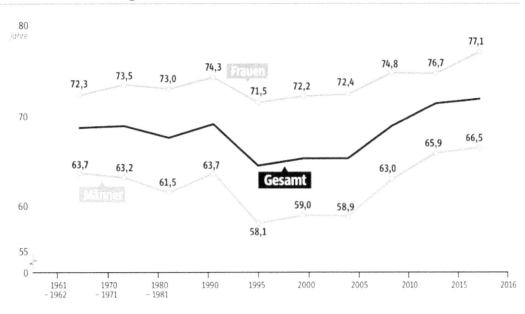

In jeder Excel-Schulung predige ich, dass Datumsangaben, die nicht äquidistant sind, nicht auf einem Liniendiagramm mit gleichem Abstand abgetragen werden dürfen. Man muss ein Punktdiagramm (ein XY-Diagramm) verwenden, um den unterschiedlichen Abständen Rechnung zu genügen. Sonst wird das Diagramm und seine Aussage verzerrt.

Haben die nicht aufgepasst (schlampig) oder wollen die bewusst Daten verdrehen (böswillig)?

19.9. Vergrößerbare Dialoge

Vergessen?

Viele Dialog kann man an der rechten Ecken Ecke „aufziehen", das heißt vergrößern. Das ist gut und wichtig, weil sich dadurch das Eingabefeld vergrößert und der darin befindliche Text lesbar wird. Leider ist dies nicht bei allen Dialogen der Fall, wie beispielsweise bei den Diagrammen: Daten auswählen (Registerkarte „Entwurf") / Bearbeiten):

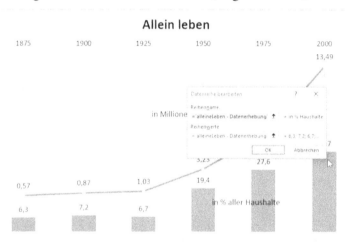

Haben die das vergessen?

19.10.   Beschriftung einzelner Datenpunkte

Hallo Herr Martin,

das ist doof: Ich markiere in einem Diagramm einen Datenpunkt und lasse mir für den Datenpunkt seinen Wert anzeigen:

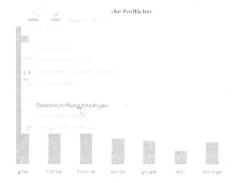

Wenn ich nun statt des Wertes die Rubrikenbeschriftung oder Kategoriennnamen haben möchte, werden diese für alle Werte angezeigt:

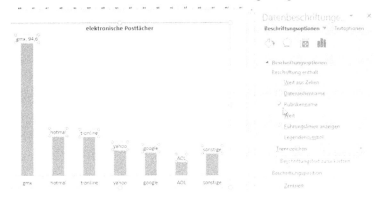

Die Antwort: Ja – das ist ziemlich blöde. Sie können es aber mit einem Trick umgehen:

Markieren Sie den Datenpunkt wie gehabt. Wechseln Sie über Entwurf / Diagrammlay-outs / Diagrammelement hinzufügen / Datenbeschriftungen auf „Weitere Datenbeschrif-tungsoptionen".

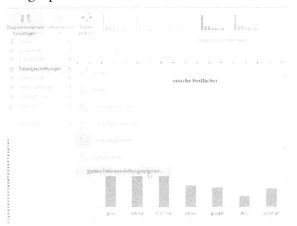

Wenn Sie dort wechseln, dann erhalten Sie die Anzeige nur für einen Punkt.

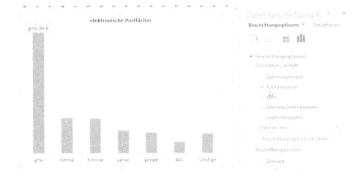

19.11.   Dynamische Diagramme

Hallo Herr Martin,

nach meinem Urlaub komme ich nun endlich dazu diverse Dinge aus unserer Schulung umzusetzen. Wie es der Teufel will, komme ich an einer Stelle absolut nicht weiter.

Ich möchte ein dynamisches Diagramm erstellen. Dies funktioniert auch für die Werte darin (also die Linien) und für die Beschriftung sofern diese ein Datum oder eine Zahl ist. Ich habe nun aber häufiger den Fall, dass die Achsenbeschriftung ein Text ist. Das bekomme ich nicht hin! Es ergibt mir schon kein korrektes Ergebnis bei der Formel, wodurch das Diagramm natürlich auch nicht funktioniert.

Ich habe eine beispielhafte Datei angehängt. Es wäre super wenn Sie sich das mal ansehen und mir kurz Rückmeldung geben könnten. Ich finde einfach keine Lösung. Auch die Kolleginnen sind ratlos.

Herzlichen Dank im Voraus & viele Grüße,

SK.

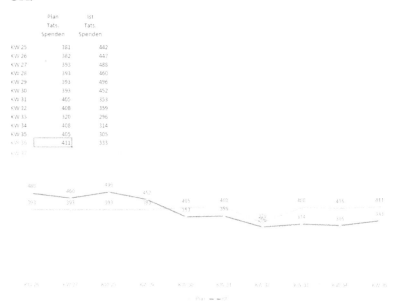

Hallo Frau K.,

da waren drei Fehlerchen drin:

Sie müssen drei Namen anlegen: zwei für die Linien (hatten Sie) und einen weiteren für die Datenbeschriftung (der hat gefehlt). Und den verwenden Sie in Daten auswählen / horizontale Achsenbeschriftung.

Und: Sie müssen bei der Formel BEREICH.VERSCHIEBEN übers Ziel rausschießen: Sie zählen mit ANZAHL wie viele Daten Sie erfasst haben im Bereich (ich habe nun $A$6:$A$1700 verwendet).

Und: bitte ermitteln Sie die Anzahl der Texte mit der Funktion ANZAHL2 – nicht mit ANZAHL. Dann klappt es.

schöne Grüße

Rene Martin

19.12.   Beschriftungen von Diagrammen

Heute in der Excel-Schulung. Aus gegebenem Anlass – bald ist Bundestagswahl – erstellen wir ein Diagramm der aktuellen Sitzverteilung des deutschen Bundestages. Das Ergebnis soll folgendermaßen aussehen:

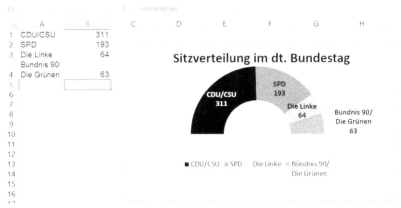

Zuerst werden die Daten eingetragen. Auf ihnen wird ein Ringdiagramm aufgesetzt:

Damit der untere Teil „frei" bleiben kann, wird unter die Daten erneut die Summe einge-geben. Dieser Teil soll „wegformatiert" werden.

Der Ring wird gedreht; die Innenringgröße verkleinert:

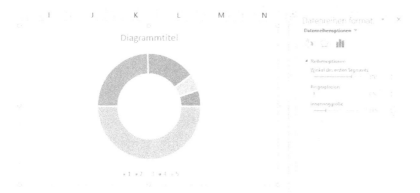

Unglücklicherweise hat Excel die erste Spalte nicht als Beschriftung erkannt. Dies kann schnell über Entwurf / Daten / Daten auswählen geändert werden. Der horizontalen Ach-senbeschriftung (sic!) wird die erste Spalte zugewiesen. Sie erscheint nun in der Legende:

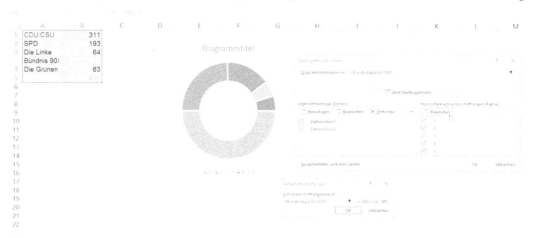

Und nun das Verblüffende: Durch das erneute Zuweisen besteht zwar weiterhin eine Ver-knüpfung zu den Zellen, wenn der Text geändert wird. Jedoch: wenn die Formatierung der Ringsegmente geändert wird, wird dies in der Legende nicht mehr mitgenommen. Erstaunlich!

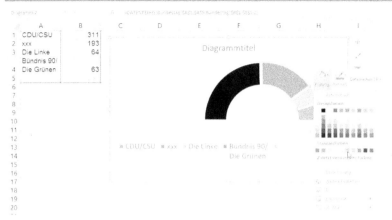

Übrigens: geht wählen!

19.13.   Intelligente Tabelen, Datumsangaben und Diagramme

Heute in der Excel-Schulung haben wir folgendes interessante Phänomen festgestellt:

In einer (intelligenten) Tabelle befindet sich eine Reihe mit Datumsangaben, die nicht fortlaufend vorhanden sind. Auf der Reihe und den zugehörigen Werten (beispielsweise Geldbeträgen) wird nun ein Diagramm aufgesetzt. Das Ergebnis verblüfft: die Abstände der Datumsangaben werden gemäß ihrem Datumswert auf der Achse abgetragen.

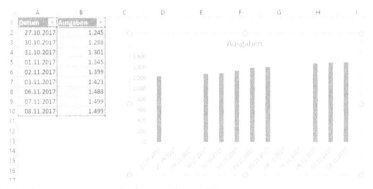

Und was, wenn ich das nicht will?

Nun – Excel interpretiert bei intelligenten Tabellen die „automatische Auswahl basierend auf den Daten" gemäß der Datumswerte. Kann man umschalten in „Textachse".

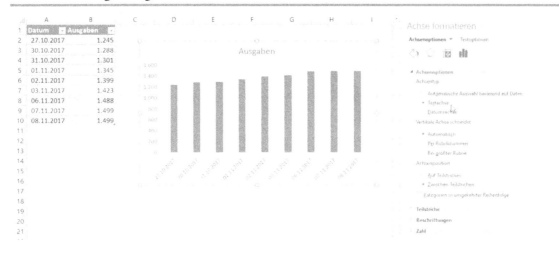

19.14.   Datasaurus

Lustige Dinge findet man im Netz: Robert Grant stellt Daten für einen Datasaurus zur Verfügung:

http://www.thefunctionalart.com/2016/08/download-datasaurus-never-trust-summary.html

Das Witzige ist: Der Korrelationskoeffizient beträgt fast 0.

19.15.   Datum – mit Anfang und Ende

Kennt ihr dieses Phänomen?

Ich gebe zwei Datumsangaben aus dem letzten Jahrhundert (bspw. 01-01-1997 und 01-01-1998) untereinander ein; daneben zwei Zahlen. Auf diesen Viererblock setze ich ein Punkt (XY)-Diagramm auf.

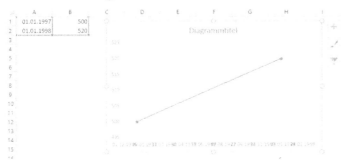

Ich vergrößere den Bereich, indem ich ein weiteres Datum – allerdings aus dem 21. Jahrhundert (bspw. 22.12.2017) – eintrage. Daneben ein Wert. Ich erweitere den Datenreihenbereich durch Herunterziehen. Was passiert?

Excel beginnt nun plötzlich beim ersten, möglichen Datum – beim 01.01.1900 – SO hatte ich das allerdings nicht gewollt!

Natürlich kann man das wieder korrekt hinformatieren. Muss man das korrekt hinformatieren. Trotzdem: ist nervig! Excel – lass die Achse doch einfach so – nimm die kleinste Zahl und die größte, gib einen Toleranzbereich dazu – und gut ist!

Wie ist mir dieses Phänomen aufgefallen? Ich habe ein Diagramm für die Diäten der Abgeordneten des Deutschen Bundestages erstellt. Und dachte, es sei ganz nett, die letzte Linie – die letzte Erhöhung bis ins nächste Jahr weiterzuziehen ...

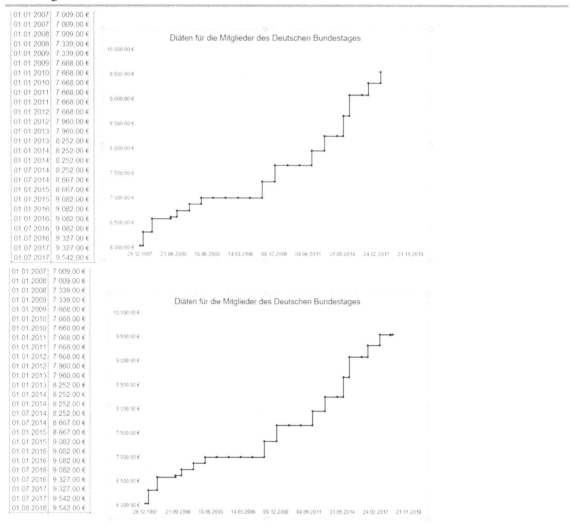

01.01.2007	7.009,00 €
01.01.2007	7.009,00 €
01.01.2008	7.009,00 €
01.01.2008	7.339,00 €
01.01.2009	7.339,00 €
01.01.2009	7.668,00 €
01.01.2010	7.668,00 €
01.01.2010	7.668,00 €
01.01.2011	7.668,00 €
01.01.2011	7.668,00 €
01.01.2012	7.668,00 €
01.01.2012	7.960,00 €
01.01.2013	7.960,00 €
01.01.2013	8.252,00 €
01.01.2014	8.252,00 €
01.01.2014	8.252,00 €
01.07.2014	8.252,00 €
01.07.2014	8.667,00 €
01.01.2015	8.667,00 €
01.01.2015	9.082,00 €
01.01.2016	9.082,00 €
01.01.2016	9.082,00 €
01.07.2016	9.082,00 €
01.07.2016	9.327,00 €
01.07.2017	9.327,00 €
01.07.2017	9.542,00 €

01.01.2007	7.009,00 €
01.01.2008	7.009,00 €
01.01.2008	7.339,00 €
01.01.2009	7.339,00 €
01.01.2009	7.668,00 €
01.01.2010	7.668,00 €
01.01.2010	7.668,00 €
01.01.2011	7.668,00 €
01.01.2011	7.668,00 €
01.01.2012	7.668,00 €
01.01.2012	7.960,00 €
01.01.2013	7.960,00 €
01.01.2013	8.252,00 €
01.01.2014	8.252,00 €
01.01.2014	8.252,00 €
01.07.2014	8.252,00 €
01.07.2014	8.667,00 €
01.01.2015	8.667,00 €
01.01.2015	9.082,00 €
01.01.2016	9.082,00 €
01.01.2016	9.082,00 €
01.07.2016	9.082,00 €
01.07.2016	9.327,00 €
01.07.2017	9.327,00 €
01.07.2017	9.542,00 €
01.08.2018	9.542,00 €

20 Diagramme schummeln

20.1. Die Kamera

Besteht eine Liste aus einer Datenreihe, wird die Überschrift ins Diagramm übernommen:

146

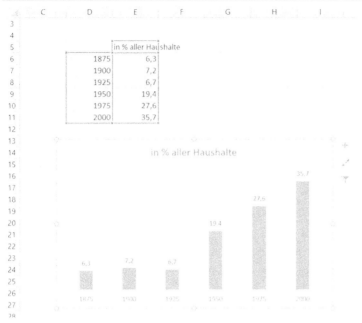

Besteht eine Liste jedoch aus mehreren Spalten, werden Überschriften nicht im Titel angezeigt (nur in der Legende):

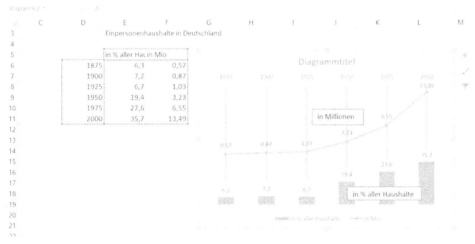

Die Kamera ist nicht unbedingt das eleganteste Werkzeug.

Abhilfe schafft ein Verweis auf die Zelle, in der sich der Text befindet. Das funktioniert in der Titelzeile

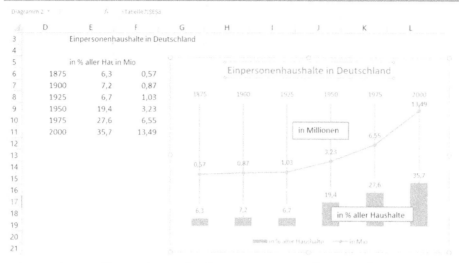

oder auch eine Form, die in das Diagramm eingefügt wurde.

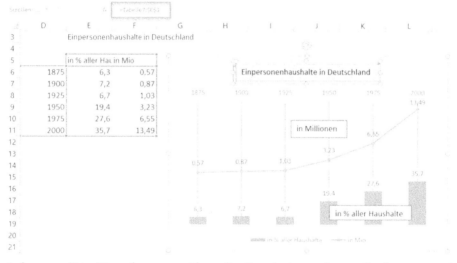

Achtung: Die Eingabe muss über die Bearbeitungsleiste funktionieren! Und: man muss den Tabellenblattnamen angeben!

20.2. Abstände in der y-Achse

Excel kann in Diagrammen nicht die Beschriftung der y-Achse nummerieren. Also machen wir das per Hand: Ich füge eine Form ein, beschrifte sie mit den Zahlen von eins bis zehn.

Da die Abstände nicht korrekt sind, füge ich eine Absatzmarke ein. Um sie auf den korrekten Zeilenabstand zu bekommen, verkleinere ich die Schriftgröße auf 1 pt. Nun kann ich mehrere Absatzmarken einfügen und erhalte so ungefähr den korrekten Abstand.

Zugegeben: gut ist es nicht. Elegant auch nicht. Aber eine einfache Lösung.

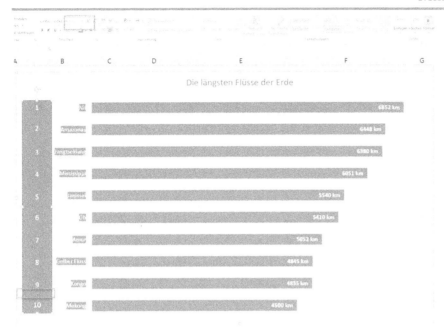

20.3. Minus als Plus darstellen

Gestern in der Excel-Schulung haben wir eine Alterspyramide erstellt. Natürlich muss man den einen Zwei negativ, den anderen positiv darstellen.

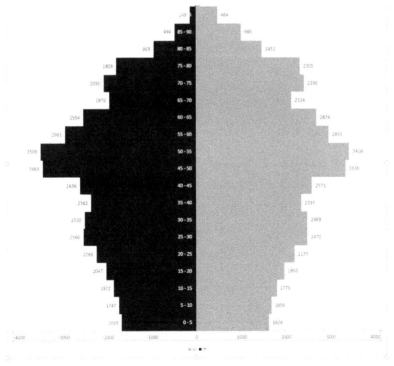

Es kam die Frage, wie man die Achse manipulieren könne, damit der negative Zwei auch mit positiven Zahlen beschriftet ist. Die Antwort: Man muss das Zahlenformat ändern in 0;0. Die erste 0 steht für positive Zahlen, die zweite für negative. Sie werden nun ohne Minuszeichen dargestellt.

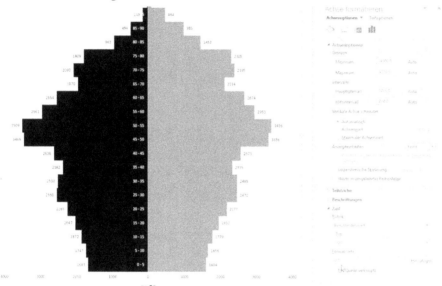

20.4. Unterschiedliche Balkenstärke

Gestern in der Zeitung gesehen (SZ vom 08.05.2017; S. 1):

Versucht in Excel nachzubauen. Gescheitert. Mit einer Sekundärachse klappt es nicht.

Dann kam ich auf die Idee die Linienstärke der einen Balkenreihe zu erhöhen. Klappt:

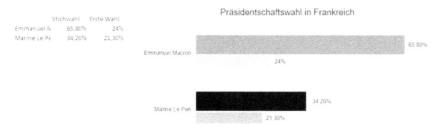

20.5. Diagramme mit leeren Werten und ohne Werte

Christian ist genervt. Er hat eine Tabelle mit Werten aus denen er ein Kreisdiagramm erzeugt. Christian lässt sich die Datenbeschriftungen anzeigen – die Werte mit 0 werden auch im Diagramm angezeigt. Eigentlich sind sie obsolet.

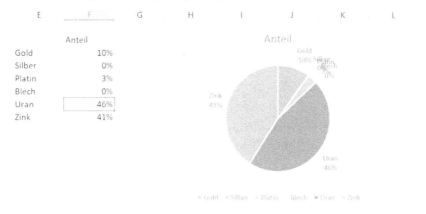

Ein manuelles Löschen bringt auch nicht viel, denn wenn die Werte sich ändern, würde nun nichts mehr angezeigt werden. Wir benötigen also eine Art „bedingte Anzeige" – bei 0 wild keine Beschriftung angezeigt; bei jedem anderen Wert schon.

Christian findet die Lösung: #NV

Man muss die Daten etwas modifizieren – statt der Zahl 0 wird nun #NV angezeigt. Denn – dieser Wert wird übergangen.

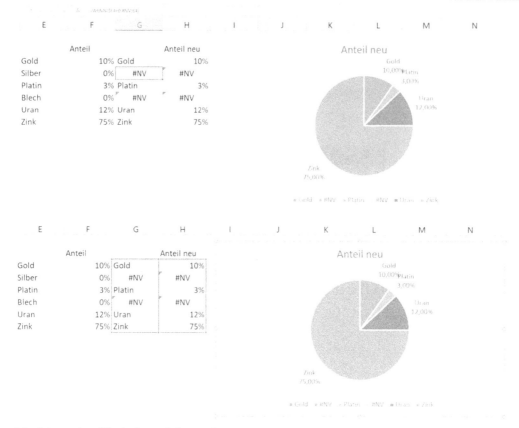

Und jetzt ist Christian nicht mehr genervt.

Die Überschrift des Diagrammtitels kann man übrigens aus dem Textfeld mit

= [Klick auf die Zelle]

verknüpfen.

Danke, Christian, für diesen guten Tipp mit #NV.

21 Makrorekorder

21.1. Pi

Hallo Herr Martin,

ich benötige eine Funktion, die das Zeichen π (pi) einfügt. Allerdings zeichnet der Makrorekorder auf:

```
ActiveCell.FormulaR1C1 = "?"
```

152

oder:

```
ActiveCell.FormulaR1C1 = "P"
```

aufgezeichnet:	п	П
abgespielt:	?	p

Die Antwort: Sie müssen das Makro nachbearbeiten. Beispielsweise:

```
ActiveCell.Value = "P"
ActiveCell.Font.Name = "Symbol"
```

21.2. Bilder in der Kopfzeile

Letzte Woche in der Excel-VBA-Schulung. Um die Objekte näher zu bringen, beginne ich mit mit dem Makrorekorder. Wir zeichnen eine Reihe Befehle auf. Beispielsweise:

Füge in die Kopfzeile ein Bild ein:

```
ActiveSheet.PageSetup.RightHeaderPicture.Filename = _
  "F:\Eigene Bilder\Bali\PIC00020.jpg"
  Application.PrintCommunication = False
  With ActiveSheet.PageSetup
     .PrintTitleRows = ""
     .PrintTitleColumns = ""
  End With
  Application.PrintCommunication = True
  ActiveSheet.PageSetup.PrintArea = ""
  Application.PrintCommunication = False
  With ActiveSheet.PageSetup
     .LeftHeader = ""
     .CenterHeader = ""
     .RightHeader = "&G"
     .LeftFooter = ""
     .CenterFooter = ""
     .RightFooter = ""
[...]
```

Das Ergebnis:

Wir löschen das Bild und führen das Makro erneut aus. Das Ergebnis: nichts! Ein Blick in den Dialog „Seite einrichten" zeigt jedoch, dass etwas in der Kopfzeile ist. Ein Bild?

Der Grund ist schnell gefunden: Die Zeile:

```
Application.PrintCommunication = False
```

„Gibt an, ob die Kommunikation mit dem Drucker aktiviert ist." Deshalb wird zwar das Bild eingefügt aber nicht angezeigt. Also: Zeile löschen – und schon funktioniert es. Manchmal (oft!?!) liefert der Makrorekorder eben doch nicht den besten Code ...

Übrigens: auf der Microsoft-Seite findet sich folgende Erklärung:

„Legen Sie die PrintCommunication-Eigenschaft auf False fest, um die Ausführung von Code zu beschleunigen, der PageSetup-Eigenschaften festlegt. Legen Sie die PrintCommunication-Eigenschaft auf True fest, nachdem Sie Eigenschaften zum Ausführen eines Commits aller zwischengespeicherten PageSetup-Befehle festgelegt haben."

Aha!

21.3. Bilder verkleinern

Ein Kunde möchte per Programmierung Bilder nach Excel eingelesen habe. Das ist kein Problem, ebenso wenig wie das Verschieben und Verkleinern der Bilder. Jedoch: er möchte sie auch komprimiert haben. Weder im Objektkatalog noch in einer Suchmaschine finde ich die Möglichkeit per VBA auf den Assistenten „Bilder verkleinern" zu gelangen. Auch der Makrorekorder hilft nicht weiter.

Also doch sendkeys. Ich drück die Alt-Taste und sehe, dass die Registerkarte „Format" mit „JV" erreicht wird. Dann „l" für „Bilder komprimieren" und anschließend „e" für – „96 ppi".

Also:

```
SendKeys "%jvle"
SendKeys "{Enter}"
```

Klappt nicht. Auch nicht:

```
SendKeys "%j"
SendKeys "%v"
SendKeys "%l"
SendKeys "%e"
```

Nach einigem Probieren komme ich dahinter, dass ich nur „j" senden darf – nicht „jv". Warum sagen die das nicht gleich?

21.4. Pivottable-Formate

Auf nichts ist mehr Verlass!

Für einen Kunden habe ich ein Add-In für Excel erstellt. Am Ende werden Daten in einer Pivottabelle zusammengefasst. Der Kunde möchte noch ein bisschen Farbe ins Spiel bringen. Kein Problem, denke ich – in Pivottabellen lustige Formatierungen einschalten kann man mittels der Pivottable-Formate erreichen. Doch wie heißen sie in Excel? Der Makrorekorder hilft. Ich zeichne die Farbe auf:

```
ActiveWorkbook.TableStyles("Rene-Stil").TableStyleElements _
    (xlColumnStripe1).Clear
    With ActiveWorkbook.TableStyles("Rene-Stil").TableStyleElements( _
        xlColumnStripe1).Interior
        .ThemeColor = xlThemeColorAccent4
        .TintAndShade = 0.399914548173467
    End With
```

Wunderbar!

Und Linien? Ich zeichne auf:

```
With ActiveWorkbook.TableStyles("Rene-Stil").TableStyleElements( _
    xlColumnStripe1).Borders(xlEdgeTop)
    .ColorIndex = xlAutomatic
    .TintAndShade = 0
    .Weight = xlThin
    .LineStyle = xlNone
End With
With ActiveWorkbook.TableStyles("Rene-Stil").TableStyleElements( _
    xlColumnStripe1).Borders(xlEdgeBottom)
    .ColorIndex = xlAutomatic
    .TintAndShade = 0
    .Weight = xlThin
    .LineStyle = xlNone
End With
With ActiveWorkbook.TableStyles("Rene-Stil").TableStyleElements( _
    xlColumnStripe1).Borders(xlEdgeLeft)
    .ColorIndex = xlAutomatic
    .TintAndShade = 0
    .Weight = xlThin
```

```
   .LineStyle = xlNone
End With
With ActiveWorkbook.TableStyles("Rene-Stil").TableStyleElements( _
   xlColumnStripe1).Borders(xlEdgeRight)
   .ColorIndex = xlAutomatic
   .TintAndShade = 0
   .Weight = xlThin
   .LineStyle = xlNone
End With
[...]
```

Ich teste – lasse den Code abspielen. Was passiert? Nichts! Teste erneut, ...

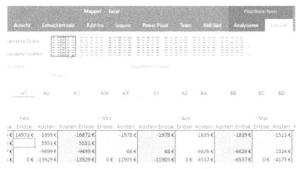

Ich habe eine Weile benötigt, bis ich gesehen hat, dass der Makrorekorder eine dünne schwarze Linie mit der Eigenschaft LineStyle = xlNone aufgezeichnet hat ?!? Also: raus damit. Code noch „putzen" – und schon läuft es!

```
xlDateiNeu.TableStyles.Add "Rene-Stil"
With xlDateiNeu.TableStyles("Rene-Stil")
   .ShowAsAvailablePivotTableStyle = True
   .ShowAsAvailableTableStyle = False
   .ShowAsAvailableSlicerStyle = False
   .ShowAsAvailableTimelineStyle = False
End With
xlDateiNeu.TableStyles("Rene-Stil").TableStyleElements _
   (xlColumnStripe1).StripeSize = 2
With xlDateiNeu.TableStyles("Rene-Stil").TableStyleElements _
   (xlColumnStripe1).Interior
   .ThemeColor = xlThemeColorAccent4
   .TintAndShade = 0.399945066682943
End With
```

```
With xlDateiNeu.TableStyles("Rene-Stil").TableStyleElements _
    (xlColumnStripe1).Borders(xlEdgeTop)
    .ColorIndex = xlAutomatic
    .TintAndShade = 0
    .Weight = xlThin
    '.LineStyle = xlNone
End With
With xlDateiNeu.TableStyles("Rene-Stil").TableStyleElements _
    (xlColumnStripe1).Borders(xlEdgeBottom)
    .ColorIndex = xlAutomatic
    .TintAndShade = 0
    .Weight = xlThin
    '.LineStyle = xlNone
End With
With xlDateiNeu.TableStyles("Rene-Stil").TableStyleElements _
    (xlColumnStripe1).Borders(xlEdgeLeft)
    .ColorIndex = xlAutomatic
    .TintAndShade = 0
    .Weight = xlThin
    '.LineStyle = xlNone
End With
With xlDateiNeu.TableStyles("Rene-Stil").TableStyleElements _
    (xlColumnStripe1).Borders(xlEdgeRight)
    .ColorIndex = xlAutomatic
    .TintAndShade = 0
    .Weight = xlThin
    '.LineStyle = xlNone
End With
```

21.5. Formate in Pivottabellen

Schon wieder bin ich erstaunt. Ein Kunde möchte, dass seine Pivottabelle, die ich mit VBA erzeuge, kursiv formatiert wird. Da ich keine Ahnung habe, wie der Befehl lautet ein Pivottabellenformat für das Stripset zu ändern, greife ich auf den Makrorekorder zurück. Er zeichnet auf:

```
Sub Kursiv()
ActiveWorkbook.TableStyles("contoso-Stil").TableStyleElements _
    (xlColumnStripe1).Clear
    ActiveWorkbook.TableStyles("contoso-Stil").TableStyleElements _
    (xlColumnStripe1).Font.FontStyle = "Kursiv"
    With ActiveWorkbook.TableStyles("contoso-Stil") _
        .TableStyleElements(xlColumnStripe1).Interior
        .ThemeColor = xlThemeColorAccent4
        .TintAndShade = 0.799981688894314
    End With
[...]
```

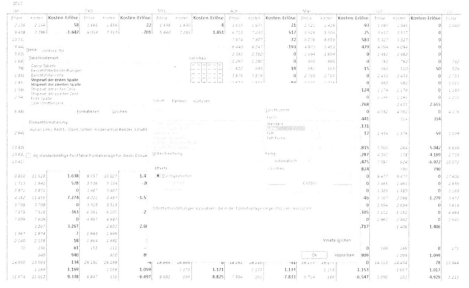

Ich bin verblüfft: der Befehl

```
.Font.FontStyle = "Kursiv"
```

sieht nicht sehr sprach- und länderunabhängig aus. Ich teste – es läuft. Ich ändere die Zeile in die mir bekannte Eigenschaft Italic:

```
ActiveWorkbook.TableStyles("contoso-Stil").TableStyleElements _
    (xlColumnStripe1).Font.Italic = True
```

Und: es läuft noch immer! Dieser Befehl gefällt mir besser. Makrorekorder – warum kannst du das nicht selbst?

22 VBA Befehle

22.1. Versteckte Blätter kopieren

Was ist denn nun schon wieder los? Ich möchte eigentlich nur mit dem Befehl Copy ein Blatt in eine andere Datei kopieren:

Die Antwort finden Sie, wenn Sie genau hinschauen. Das zu kopierende Blatt ("YTD") ist xlSheetVeryHidden. Sie müssen die Eigenschaft Visible entweder auf xlSheetVisible oder auf xlSheetHidden stellen. Danach können Sie ihn ja wieder "sehr gut verstecken".

22.2. Von Excel nach PowerPoint

Eine Kollegin hat mir letzte Woche eine Excelmappe mit einem Makro geschickt. Das Makro kopiert von mehreren Tabellenblättern Bereiche und fügt sie in eine bestehende Präsentation ein.

Die Kollegin hatte ein paar Fragen zum Makro. Da ich die PowerPoint-Präsentation nicht hatte, änderte ich einige wenige Befehle. Beispielsweise „greife auf Folie 1, 2, 3 zu" wurde geändert in: „füge eine neue Folie ein". Der Befehl AddSlides war schnell gefunden:

Allerdings erhielt ich hier einen Fehler. Nochmal nachschauen:

Doch: Sildes.AddSlide. Korrekt!

Ebenso die Parameter: an welcher Stelle soll eine neue Folie erzeugt werden? Welches Layout soll verwendet werden? Ebenfalls korrekt!

Mir dämmerte es. Vor gefühlten 100.000 Jahre habe ich mal PowerPoint programmiert. Und dort herausgefunden, dass die Methode nicht AddSlides heißt, sondern Add. Geändert. Tatsächlich: IntelliSense listet nun sogar die korrekten Layout-Konstanten auf.

Hum – Microsoft hätte wahrlich in den letzten 15 Jahren einen so wichtigen Befehl wie „füge neue Folie ein" korrigieren können. Oder bin ich der einzige, dem dies aufgefallen ist?

22.3. Ohne Set

Manchmal sind es nicht die Fehlermeldungen, die mich amüsieren:

sondern die Kommentare dazu:

„Hallo Rene,

ich verstehe etwas nicht ... wenn ich diesen Code: [...]

dann bekomme eine Fehlermeldung. Es fehlt ein with block und so.

Danke für deine Hilfe."

Natürlich konnte ich helfen: „an Objektvariablen musst du etwas mit dem Schlüsselwort SET übergeben, also:

```
Set xlRange = ActiveSheet.UsedRange
```

22.4. Hochzählen

Heute in der Excel-VBA-Schulung. Wir erstellen ein Beispiel: Zähle solange eine Nummer hoch, bis es eine Datei mit der entsprechenden Nummer nicht mehr gibt. Speichere dann die Datei unter dieser Nummer.

Bei mir funktioniert das Beispiel. Ein Teilnehmer hatte einen Fehler und rief mich. Ich war erstaunt über die Fehlermeldung:

Dateiname oder -nummer falsch

Noch erstaunter war ich, dass die Datei gespeichert war in:

D:\D:\Eigene Dateien\Excel\...

Zwei Mal D:\D:\ ...?!?

Zuerst wollte ich Excel wüst beschimpfen, dann schaute ich mir den Code genauer an. Der Teilnehmer hatte die Datei gespeichert in.

"D:\" & strPfad & strDatei

Erstaunlich: die Datei ist im Explorer nicht auffindbar. Excel (und VBA) behaupte jedoch, dass der FullName lautet:

D:\D:\Eigene Dateien\Excel\...

22.5. Bilder importieren

Erinnern Sie sich noch? Windows 7? Die Beispielbilder: Wüste, Tulpe, Qualle, Koala, ...

Ein Teilnehmer der Excel-VBA-Schulung möchte Bilder per VBA in seine Exceldatei einfügen. Die Dateinamen stehen dabei bereits in einer Exceltabelle.

„Kein Problem – schreiben Sie einfach ein paar Dateinamen in eine Tabelle." Alle Teilnehmer verwenden den Ordner „Beispielbilder", kopieren den Pfad, tippen die Dateinamen mit der Endung ab. Ich verwende meinen eigenen Ordner, in dem ich ein paar Urlaubsbilder habe.

Wir lassen das Makro laufen:

```
Dim strDateiname As String
Dim i As Integer
For i = 1 To ActiveSheet.Range("A1").CurrentRegion.Rows.Count - 1
    strDateiname = ActiveSheet.Range("A1").Offset(i, 0).Value
    ActiveSheet.Pictures.Insert strDateiname
Next
```

Während es bei mir funktioniert, erhalten die Teilnehmer eine Fehlermeldung. Die Dateinamen sind doch korrekt geschrieben, oder:

Ein Blick in die Eigenschaften – Registerkarte „Sicherheit" belehrt mich eines Besseren. Die Datei Wüste heißt „desert.jpg", die Qualle „jellyfish.jpg, „penguins .jpg", „light-house.jpg", ...

Ich gestehe – das ist mir noch nie aufgefallen, dass die Dateien einen Alias tragen, also dass die Beispielbilder eigentlich einen anderen Dateinamen aufweisen.

22.6. Keine Auktualisierung (Screenupdating)

Wisst ihr wie ich das gemacht habe? Nein – das Bild ist nicht bearbeitet! Heute beim Programmieren habe ich erstaunt festgestellt, dass in einer Zelle anderer Text steht als in der Bearbeitungsleiste.

Nun – ein paar Zeilen Code:

```
Range("E1").Value = "Nervt Excel?"
Application.ScreenUpdating = True
[Hier muss Code stehen, der einige Sekunden benötigt, um ausgeführt zu werden]
Application.ScreenUpdating = False
Range("E1").Value = "Excel nervt!"
```

Die Zeile

```
Application.ScreenUpdating = True
```

bewirkt die Anzeige der „Sanduhr" und bewirkt, dass nur nur die Tabelle aktualisiert wird – nicht jedoch die Bearbeitungsleiste.

Achtung: Code muss zwei Mal ausgeführt werden, damit ich „Excel nervt!" und „Nervt Excel?" sehe.

22.7. 1 oder l?

Ich kannte den Fehler schon.

Gestern in der Excel-VBA-Schulung fragte eine Teilnehmerin, wo der Fehler liege:

Man muss schon zwei Mal hinschauen. Bei der voreingestellten Schrift Courier sieht die Ziffer „1" fast genauso aus wie der Buchstabe „l". Also xlZelleAl und nicht xlZelleA1.

22.8. Klammern!

Es ist schön, wenn Excel Assistenten zur Verfügung stellt. Beispielsweise einen zum Duplikate entfernen:

Da ich diese Funktionalität in einem umfangreichen Programm benötige, zeichne ich ihn mit dem Makrorekorder auf:

```
ActiveSheet.Range("$A$1:$J$78").RemoveDuplicates _
    Columns:=Array(1, 2, 3, 4, 5, 6, 7 _
    , 8, 9, 10), Header:=xlYes
```

Der Parameter Array(1, 2, 3, 4, 5, 6, 7, 8, 9, 10) gefällt mir nicht.

In der Hilfe steht, dass man ihn weglassen kann – dann würden alle Spalten verwendet werden. Ein Test zeigt: Das ist falsch. Lässt man den Parameter weg, passiert: GAR NICHTS!

Also programmieren wir den Parameter:

```
Dim intSpalten() As Integer
Dim i As Integer
ReDim intSpalten(0)
intSpalten(0) = 1
For i = 2 To ActiveSheet.Range("A1").CurrentRegion.Columns.Count
    ReDim Preserve intSpalten(UBound(intSpalten) + 1)
    intSpalten(UBound(intSpalten)) = i
Next
ActiveSheet.Range("A1").CurrentRegion.RemoveDuplicates _
    Columns:=intSpalten, Header:=xlYes
```

Das Ergebnis ist eine Fehlermeldung:

Verwundert reibe ich mir die Augen. Probieren und eine lange Suche liefert das Ergebnis: Man muss das Array vom Typ Variant deklarieren. Und: der Parameter Columns verlangt den Wert in Klammern !?! Dann klappt es: die Spaltenanzahl des Assistenten "Duplikate entfernen" wird dynamisch:

```
Dim intSpalten
Dim i As Integer
ReDim intSpalten(0)
intSpalten(0) = 1
For i = 2 To ActiveSheet.Range("A1").CurrentRegion.Columns.Count
   ReDim Preserve intSpalten(UBound(intSpalten) + 1)
   intSpalten(UBound(intSpalten)) = i
Next
ActiveSheet.Range("A1").CurrentRegion.RemoveDuplicates _
   Columns:=(intSpalten), Header:=xlYes
```

PS: Ein Dankeschön an Dominik Petri für den Hinweis!

22.9. Add-Ins entfernen?

Ein Add-In in Excel zu erstellen ist nicht schwierig – man muss nur eine Excelmappe mit Makros als Add-In speichern.

Ein Add-In einzubinden ist auch nicht schwierig. Unter Datei / Optionen / Add-Ins / Excel-AddIns [Los] findet man die Schaltfläche "Hinzufügen". Damit kann ein Add-In eingebunden werden.

Man kann es deaktivieren – aber wie bekommt man es eigentlich weg?

Die einzige Möglichkeit ist das Add-In umzubenennen, es dann erneut zu aktivieren und/oder deaktivieren. Dann wird erkannt, dass es nicht mehr vorhanden ist:

22.10.   Schlechter Code

Och nö – Leute – so nicht!

Vor ein paar Tagen habe ich eine Anfrage geschickt bekommen, warum das Makro, das unter Excel 2007 funktionierte, nicht mehr in Excel 2016 läuft. Ein Blick auf den Code – und ich schlage die Hände über dem Kopf zusammen:

- Die Variablen sind nicht „sauber" deklariert
- Es werden keine Objekte adressiert, sondern „angesprungen"
- Es werden die Grenzen zwischen Objekten (Zelle(A1) und ihren Eigenschaften (der Wert der Zelle A1) vermischt
- Es finden keine Fehlerüberprüfungen statt (beispielsweise was passiert, wenn der Text „Stg" nicht gefunden wird …)

Also: „sauber" programmieren – so wie ihr es in meinen Schulungen lernt. Dann läuft das Programm auch noch in den neueren Excel-Versionen.

Damit Excel nicht mehr nervt!

22.11.   Altes und neues Add-In

Das erste Add-In ist installiert. Es folgt eine zweite Version. Die zweite Datei.xlam wird an einem anderen Speicherort abgelegt.

Wird nun das Add-In erneut installiert, erhält man eine Meldung:

Klar soll sie ersetzt werden – was für eine Frage!

Und was passiert? NICHTS!

Heißt: Man muss erst das alte Add-In löschen und dann das neue installieren. Besser: das neue an den gleichen Ort speichern, in dem sich das alte Add-In befand – das alte also durch das neue ersetzen. Schon perfide!

22.12.   Monate – englisch und deutsch (Österreich!)

Hallo Rene,

bitte wieder Tipparbeit bei der schon bekannten Tabelle.

	A	B	C	D	E	F	G	Cat
1	Rank			Date		Event	Discipline	
2	21	21	21	15 Sep 17		Open	Standard	Seni
3	25	25	25	29 July 2017		Open	Standard	Seni
4	11	11	11	29 July 2017		Open	Latin	Seni
5	9	9	9	16 June 2017		Open	Latin	Seni
6	27	27	27	16 June 2017		Open	Standard	Seni
7	13	13	13	30 Apr 17		Open	Latin	Seni
8	21	21	21	30 Apr 17		Open	Standard	Seni
9	0	0	0	23 Apr 17		Open	Latin	Seni
10	38	38	38	22 Apr 17		Open	Standard	Seni
11	13	13	13	02 Apr 17		Open	Standard	Seni
12	16	16	16	01 Apr 17		Open	Standard	Seni
13	38	38	38	20 January 2017		Open	Standard	Seni
14	9	9	9	27 Nov 16		Open	Standard	Seni
15	11	11	11	26 Nov 16		Open	Standard	Seni
16	8	8	8	26 Nov 16		Open	Latin	Seni
17	39	39	39	31 October 2016		Open	Latin	Seni
18	51	51	51	30 October 2016		World Championship	Ten Dance	Seni

Durch die Hinweise auf VBA in manchen Vorträgen habe ich mir einige der Schulungen angesehen.

Ach oh je :-(

Es ist toll, dass man sich nachdem das Programm feriggestellt ist arbeit erspart. Die Suche im Internet nach geeigneten Code hat natürlich nicht zu einem Ergebnis geführt.

Dazu braucht man ein erweitertes Grundwissen das ich nicht habe.

Meine Bitte und Anliegen:

Kannst Du mir bitte VBA Code für die Tabelle mit der Datumskorrektur schreiben?

Das alte Datum soll ausgeblendet werden.

Das einfügen der Spalte für das neu formatierte Datum muss variable sein. Es kommt neuerdings auch eine Tabelle mit Point vor dem Datum.

Bitte ein alphabethisches Inhaltsverzeichnis mit Link auf die aktuellen Tabellen.

Zu VBA

Kannst Du mir ein Buch empfehlen?

Kann man in den Büchern, ähnlich wie in denen von Excel, bestimmte Code für Funktionen (kopieren, einfügen, Formeln in VBA) finden?

Im Internet habe ich für das Einfügen einer Spalte Code entdeckt. Wollte aber eine variable Möglichkeit, die ich nicht gefunden habe. Mitbekommen habe ich, dass man Variable definieren muss. Wie diese jedoch bezeichnet werden habe ich nicht herausgefunden. Die Zellen werden in Ziffern aufgeteilt. Buchstaben und Zahlen für die Bezeichnung der Zellen habe ich in anderen Code entdeckt. Erwähnt wurde auch der Unterschied zwischen USA und dem localen Code.

Mit besten Grüßen

Peter

#####

Hallo Peter,

hier der Code:

```
Sub MonateErsetzen()
Dim strSpalte As String
Dim i As Integer
Dim strMonateDeutsch
Dim strMonateEnglisch
```

```
strMonateDeutsch = Array("Jänner", "Februar", "März", "April", _
    "Mai", "Juni", "Juli", "August", "September", "Oktober", _
    "November", "Dezember")
strMonateEnglisch = Array("January", "February", "March", "April", _
    "May", "June", "July", "August", "September", "October", _
    "November", "December")
strSpalte = InputBox _
    ("In welcher Spalte sollen die Datumswerte ersetzt werden?")
For i = 0 To UBound(strMonateDeutsch)
    ActiveSheet.Columns(strSpalte & ":" & strSpalte).Replace _
    What:=strMonateEnglisch(i), Replacement:=strMonateDeutsch(i), _
LookAt:=xlPart, SearchOrder:=xlByRows, MatchCase:=False, _
    SearchFormat:=False, ReplaceFormat:=False
Next i
End Sub
```

Wie kommt man dazu? Zeichen mit dem Makrorekorder auf – beispielsweise ersetze „January" durch „Januar". Dann erhältst du folgenden Code:

```
Sub Makro1()
'
' Makro1 Makro
'
'
Selection.Replace What:="February", Replacement:="Februar", LookAt:= _
    xlPart, SearchOrder:=xlByRows, MatchCase:=False, _
    SearchFormat:=False, _
    ReplaceFormat:=False
End Sub
```

Nun – und da bauen wir ein bisschen Makro außenrum.

Ich empfehle keine Bücher. Jeder hat eine andere Art zu lesen und zu lernen.

Geh in eine große Buchhandlung, hole einen Meter VBA-Literatur raus, blättere sie durch und bestelle dann das Buch, das dir am besten gefallen hat, in einer kleinen Buchhandlung.

Tipp: ich würde einen Kurs besuchen (Volkshochschule oder privater Anbieter). Dort bekommst du in kurzer Zeit am schnellsten die wichtigste Informationen. Dozent zeigt auch, was man falsch machen kann und hilft.

Liebe Grüße :: Rene

#######

Hallo Rene,

Danke.

Leider hilft mir dieser Code nicht weiter nachdem nur der Monatsname in deutscher Schreibweise umsetzt wird. Benötigt wird ein ‚echtes‘ Datum.

In der Spalte C steht einmal ein echtes Datum und dann das Datum als Text.

In der neuen Spalte D die eingefügt wurde, hast du mit der untenstehenden Formel ein ‚echtes‘ Datum erstellt.

```
=WENN(ISTZAHL(C2);C2;DATUM(RECHTS(C2;4);VERGLEICH(TEIL(C2;SUCHEN
(" ";C2)+1;LÄNGE(C2)-8);{"January";"February";"March";"April";"May"
;"June";"July";"August";"September";"October";"November";
"December"};0);LINKS(C2;2)))
```

erstellt.

Bitte im VBA Code umsetzen, dass eine neue Spalte erzeugt wird, das Datum nach deiner Formel eingesetzt wird und die Spalte mit den nicht brauchbaren Angaben ausgeblendet wird. Deine Vorschläge werde ich befolgen. Schau mal in die Buchhandlung was dort aufliegt. Ein Kurs ist auch eine gute Idee.

Besten Dank,

Peter

#####

Hallo Peter,

probiere es aus!

Durch das Ersetzen „erkennt" Excel ein Datum und wandelt in eine Datumszahl um

LG :: Rene

22.13. Fehler im Code

Lustiger Fehler in der VBA-Schulung. Finden Sie ihn?

```
Sub Eingabe()
    Dim Geschlecht As String
    Dim Benutzername As String
    Geschlecht = InputBox("Bitte Geschlecht angeben - bitte m oder w!")
    If Geschlecht = "m" Or Geschlecht = "M" Then
        Benutzername = InputBox("Bitte sag deinen Namen!", "TF")
```

```
      MsgBox "Hallo lieber " = Benutzername
   ElseIf LCase(Geschlecht) = "w" Then
      Benutzername = InputBox("Bitte sag deinen Namen!", "TF")
      MsgBox "Hallo liebe " = Benutzername
   Else
      MsgBox "Falsche Eingabe!"
   End If
End Sub
```

Das Ergebnis:

22.14.   StrReverse und RC

Heute in der VBA-Schulung.

Da Excel keine Funktion besitzt, um einen Text "rumzudrehen", verwenden wir die VBA-Funktion StrReverse:

```
Function RC(Text As String) As String
   RC = StrReverse(Text)
End Function
```

Sie wird in Excel angezeigt und kann verwendent werden:

Padautz – vielleicht doch nicht. Möglicherweise ist der Name RC schon vergeben – Row-Column? Ich weiß es nicht. Ein Umbenennen in beispielsweise ReCo hilft.

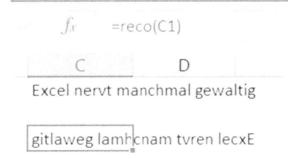

Excel nervt manchmal gewaltig

gitlaweg lamh|cnam tvren lecxE

22.15.   Personal.xlsm und Funktionen

Schnell eine Funktion mit VBA erstellt. Sie heißt ReCo und wird im Funktionsassistenten angezeigt, wenn die Datei, in der sie sich befindet, offen ist.

Statt des Umwegs über ein Add-In beschließe ich diese Funktion in der Datei Personal.xlsb zu speichern. Was passiert? Nichts! Die Funktion wird nicht angezeigt!

Die Funktion wird angezeigt, wenn im WorkbookOpen der Arbeitsmappe personal.xlsb „isAddin = true" steht.

```
Private Sub Workbook_Open()
    IsAddin = True
End Sub
```

wenn einmal ein kurzes Script läuft, einmalig, kann auch die Beschreibung in den Funktionsargumenten fx eingetragen werden.

```
Sub EigeneFunktionsbeschreibung_ZuweisenUndBeschreiben()
    Application.MacroOptions Macro:= "MacroName", Description:= _
    "Beschreibung: " & "Eine sinnvolle Beschreibung eingeben", _
    Category:=15
End Sub
```

Danke an Andreas für diesen Hinweis

22.16.   Zu wenige Zeilenfortsetzungen

Hübsche Fehlermeldung: „Zu wenige Zeilenfortsetzungen".

Die Ursache: Mit dem Makrorekorder wird der Befehl Datei / Öffnen (eine Textdatei) aufgezeichnet. Da die Textdatei zirka 200 Spalten hat, kann dies nicht in einem Array gespeichert werden, der in diesem Makro intern verwendet wird:

22.17. intSpaltenAnzah1

Eigentlich hätte ich es wissen können.

Vor einigen Jahren rief mich ein Teilnehmer in einer VBA-Schulung, weil sein Code nicht funktionierte:

Ich habe lange gesucht, bis ich verstanden hatte, dass er die Variable intSpaltenAnzahl deklariert hat, dagegen der Variablen intSpaltenAnzah1 einen Wert zuweist. Zugegeben: bei einer anderen Schrift als der Courier sieht man das besser.

Gestern beim Programmieren zeichnet der Makrorekorder folgenden Code auf:

```
ActiveWorkbook.TableStyles.Add ("RenesVorlage")
With ActiveWorkbook.TableStyles("RenesVorlage")
    .ShowAsAvailablePivotTableStyle = True
    .ShowAsAvailableTableStyle = False
    .ShowAsAvailableSlicerStyle = False
    .ShowAsAvailableTimelineStyle = False
End With
With ActiveWorkbook.TableStyles("RenesVorlage"). _
    TableStyleElements(xlColumnStripe1).Interior
```

177

```
    .ThemeColor = xlThemeColorAccent6
    .TintAndShade = 0.399945066682943
End With
ActiveSheet.PivotTables("PivotTable1"). _
    ShowTableStyleColumnStripes = True
```

Und ich bin ja wieder reingefallen – es heißt xlColumnStripe1 und nicht xlColumnStripel.

Obwohl?! – Stripel klingt auch lustig.

22.18.   Else ohne If

Heute in der Excel-VBA-Schulung. Ein Teilnehmer sagt mir, dass er ein Programm nicht starten kann. Er erhält eine Meldung, dass er "Else ohne If" geschrieben hätte.

Ich erwiderte: nun – er habe wohl If vergessen. Oder falsch geschrieben. Er verneinte. Ich schaute mir den Code an:

Für With fehlt das Gegenstück End With. Nicht ganz korrekt die Meldung ... sie taucht so an mehreren Stellen auf. Auch in folgenden Beispiel:

```
Dim i As Integer
For i = 1 To 10
If i > 9 Then
MsgBox "ziemlich groß"
Next
```

Hier lautet die Fehlermeldung: "Next ohne For".

22.19.   Tastenkombinationen für Makros

Excel kann schon ganz schön nerven!

Gestern in der Excel-VBA-Schulung. Wir erstellen ein (komplexes) Makro, das eine andere Datei öffnet und dann weitere Befehle ausführt. Beispielsweise so:

```
Sub TastenkombiTest()
    Workbooks.Open "D:\Eigene Dateien\Excel\Asterix.xlsx"
    MsgBox "Excel kann schon ganz schön nerven!"
```

```
End Sub
```

In Excel weisen wir dem Makro über Entwicklertools / Code / Makros / Optionen eine Tastenkombination zu. Erster Versuch: das Makro wird auf [Strg] + [Shift] + [i] gelegt. Das Ergebnis: Das Makro bricht nach dem Öffnen der Datei ab.

Zweiter Versuch: das Makro wird auf [Strg] + [i] gelegt. Es klappt!

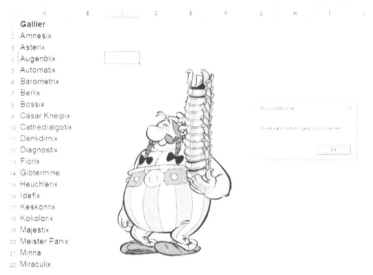

Muss ich das verstehen?

22.20.   Verzwickte Bedingung

Heute in der Excel-VBA-Schulung.

Wir erstellen einen Dialog, in dem die Eingaben überprüft werden. Ich schaue mir die Lösungen der Teilnehmer an. Das Ergebnis funktioniert:

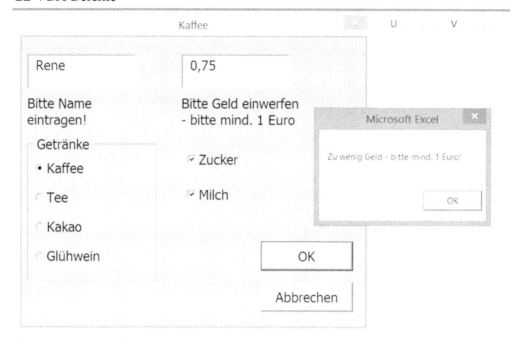

Die Lösung der Teilnehmerin:

```
[...]
ElseIf Me.txtGeld.Value >= 1 = False Then
[...]
```

Ich stutze über die Folge. Warum funktioniert sie trotzdem?

Die Antwort: der erste Teil wird ausgewertet: Ist 0,75 >= 1 -> nein.

Dann der zweite Teil: ist WAHR = FALSE? – nein.

22.21.   Kleiner Autor

Vielleicht ist der Name der VBA-Funktion etwas unglücklich gewählt:

```
Function Autor()
   Autor = ActiveWorkbook.BuiltinDocumentProperties("Author")
End Function
```

Dennoch: Dass Excel so eine starke Abneigung gegen diesen Namen verspürt und ihn noch nicht einmal in Groß-/Kleinschreibung anzeigt, finde ich schon frech:

„Benutzer" oder „Benutzername" darf ich.

22.22.   Tablettmodus

Haben Sie ein Tablett? Verwenden Sie den Tablettmodus? Haben Sie damit schon VBA programmiert? Zum Beispiel folgende Schleife:

```
Sub Schleife()
    Dim i as Integer
    MsgBox "Los geht's"
    For i = 1 to 10
        MsgBox i
    Next
    Msgbox "fertig - uff!"
End Sub
```

Das Ergebnis: Manchmal (!?!) flackert der Bildschirm unangenehm beim Testen.

23 Excel Objekte

23.1. Benutzerdefinierte Eigenschaften

Ich versuche per VBA benutzerdefinierte Eigenschaften an eine Datei zu binden. Nichts leichter als das, denke ich:

```
Sub BenutzerDefinierteEigenschaften()
    Dim CC As CustomProperties
    Set CC = ActiveWorkbook.CustomDocumentProperties
    CC.Add Name:="Pfad", Value:="C:\Eigene Dateien\Excel Date of Value"
        Add(Name As String Value As CustomProperty)
End Sub
```

Man definiert eine Variable vom Typ CustomDocumentProperties (oder Property) und fügt zu der Sammlung ein weiteres Element mit der Methode Add hinzu. Sie möchte Name und Value. Klingt vernünftig. Ich werde jedoch eines Besseren belehrt:

Typen unverträglich? Okay – dann ohne Objektverweis:

Falsch Anzahl an Argumenten? Aber IntelliSense hat mir doch … Ein Blick in die Hilfe verrät, dass ich die CustomDocumentProperties vom Typ DocumentProperties deklarieren muss. Aha:

Und richtig: Dort wird noch zwingend der Parameter „LinkToContent" verlangt.

Nächster Test:

??? Etwas probieren und schon habe ich die Lösung: Obwohl die Eigenschaft „Type" in eckigen Klammern, also optional, angegeben wurde, ist dieser Wert zwingend erforderlich.

Kaum probiert man eine halbe Stunde – schon klappt es auch. Flexibilität braucht man schon – nicht nur im Niveau:

23.2. Links oder rechts? Sichtbar oder unsichtbar?

Ist Ihnen das schon aufgefallen:

In einer Excelmappe gibt es zwei Tabellenblätter: Tabelle1 und Tabelle2. Tabelle1 liegt links; Tabelle2 rechts. Tabelle2 wird ausgeblendet.

Wenn man nun Tabelle1 kopiert: Kopie erstellen (ans Ende stellen) und anschließend Tabelle2 wieder einblendet: Liegt die Kopie nun links oder rechts von Tabelle2?

Die Lösung: sie liegt links von der ehemals ausgeblendeten Tabelle. „Ans Ende stellen" heißt also: „Ans Ende der sichtbaren Tabellen stellen". Ist das schlimm? Man sieht doch, wo die Tabellen liegen?

Die Antwort:

Wenn Sie per Programmierung ein Blatt in eine andere Datei kopieren, beispielsweise so:

```
Dim xlBlatt As Worksheet
Dim xlDatei As Workbook
Set xlDatei = Application.Workbooks.Open("D:\Excel\Testdatei.xlsx")
Set xlBlatt = ThisWorkbook.Worksheets("Tabelle1")
xlBlatt.Copy After:=xlDatei.Worksheets(xlDatei.Worksheets.Count)
MsgBox xlDatei.Worksheets(xlDatei.Worksheets.Count).Name
```

Nun liefert das Meldungsfenster nicht den Namen des kopierten Blattes, sondern den Namen des letzten Blattes (wenn es ausgeblendet war). Und: leider liefert die Methode Copy kein Objekt, also kein Verweis auf ein Tabellenblatt zurück.

Heißt: gut aufpassen! Sonst nervt das Ergebnis!

23.3. Rotation oder Angle?

Ich versuche mittels VBA ein Bild auf 10 cm zu verkleinern. Beim ersten teil hilft der Makrorekorder. Jedoch: wenn das Bild nicht im Querformat, sondern im Hochformat vorliegt, muss ich die Height und nicht die Width verändern. Also gehe ich auf die Suche nach dem Befehl "Winkel". In Visio heißt er Angle. Jedoch in Excel VBA?

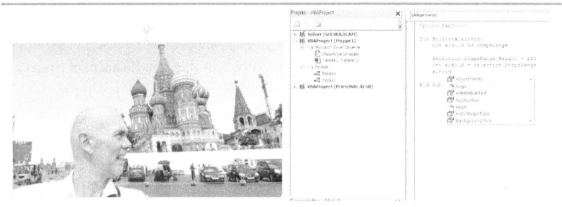

Ein Blick in den Eigenschaften-Dialog (Größe und Position) zeigt: auf diesem Dialog heißt er „Drehung“. Und richtig: unter „Rotation“ werde ich fündig.

Kann Microsoft die Objekte, Eigenschaften und Methoden in den einzelnen Applikationen nicht gleich benennen? Es nervt!

23.4. Leerzeichen

Noch ein hübscher Fehler aus der heutigen VBA-Schulung.

Warum liefert folgende Codezeile einen Fehler:

```
Set xlBlatt = xlDatei.Worksheets("Filme")
```

Nun – die Teilnehmerin hat das Blatt nicht „Filme“ genannt, sondern „ Filme“ – also vor den Buchstaben „F“ ein Leerzeichen eingegeben ...

23.5. Diagramme verschwinden ...

Ich schaue mir eine fremde Datei an. Auf einem Tabellenblatt befindet sich ein Diagramm. Ich versuche herauszufinden, woher es die Daten bezieht. Die Quelle liegt auf einem anderen Blatt. Ich will zurück zu dem Blatt "Diagramm" – doch das ist verschwunden.

Ich brauche schon eine Weile, bis ich dahiner komme:

In VBA befindet sich im Objekt Worksheet beim Ergebnis Deactivate folgender Befehl:

```
Private Sub Worksheet_Deactivate()
    Sheets("Diagramm").Visible = xlSheetHidden
End Sub
```

Interessanter Mechanismus: Lieber Anwender, sobald du das Blatt verlässt, bekommst du es nicht mehr zu Gesicht. Natürlich kann man es sich über eine Schaltfläche wieder einblenden lassen ...

23.6. Programmiert sauber!

Wie oft muss ich es noch sagen: Programmiert sauber!

In einer Firma lief unter Excel 2007 ein Programm mit folgendem Code:

```
Dim BlattName
Sheets("Diagramme").Visible = True
Sheets("nocheins").Visible = True
BlattName = ActiveSheet.Name
```

Abgesehen davon, dass die Variable „BlattName" nicht sauber von Typ As String deklariert wurde, dass die Eigenschaft Visible eigentlich den Wert der Konstanten xlSheetVisible erhalten sollte und nicht True (True ist 1; xlSheetVisible ist –1) läuft es unter Excel 2016 an die Wand. Der Grund:

Nach Sheets("Diagramme").Visible = True ist der Fokus noch auf dem Blatt von dem aus der Code gestartet wurde. Werden jedoch zwei Blätter eingeblendet, wechselt Excel in der Version 2016 nun auf eines der eingeblendeten Blätter. Der Blattname lautet nun nicht mehr wird das ursprünglich aktive Blatt, sondern wie eines der Blätter, die zuvor ausgeblendet waren.

Das kann man gut mit einem Meldungsfenster verifizieren:

```
Sheets("Diagramme").Visible = True
Sheets("nocheins").Visible = True
BlattName = ActiveSheet.Name
MsgBox BlattName
```

Sauber programmieren heißt beispielsweise:

```
Dim BlattName As String
Dim xlBlattDiagramme As Worksheet
Dim xlBlattNochEins As Worksheet
Dim xlBlattAktual As Worksheet
Set xlBlattAktual = ActiveSheet
Set xlBlattDiagramme = Sheets("Diagramme")
Set xlBlattNochEins = Sheets("nocheins")
xlBlattDiagramme.Visible = xlSheetVisible
xlBlattNochEins.Visible = xlSheetVisible
BlattName = xlBlattAktual.Name
' wird eigentlich nicht mehr benötigt
MsgBox BlattName
```

24 UserForms

24.1. Keine neue, sichtbare Datei

Liebe VBA-User: Ist euch das schon aufgefallen:

Ich erstelle in Excel 2016 eine UserForm. Auf der UserForm befindet sich eine Befehlsschaltfläche mit folgenden zwei Codezeilen:

```
Workbooks.Add
Unload Me
```

In dem Projekt befindet sich ein Makro:

```
Sub MaskeStart()
    UserForm1.Show
End Sub
```

Dieses Makro wird an eine Schaltfläche auf dem Zeichenblatt gebunden (dabei ist es egal, ob es sich um ein Formularsteuerelement oder ein Active-X-Steuerelement handelt.

187

Ich „mache das Steuerelement scharf", klicke darauf, die Maske startet, eine neue Datei wird geöffnet, in der ich allerdings keine Registerkarte aktivieren kann. Das war doch in älteren Excelversionen nicht der Fall, oder irre ich mich?

24.2. UserForm schließen

Heute in der Excel-VBA-Schulung. Wir erstellen eine UserForm und starten diese.

Ein Teilnehmer hat sich im Code vertippt und erhält eine Fehlermeldung.

Er wechselt nach Excel und will dort die UserForm schließen. Keine Chance!

Die einzige Möglichkeit: er muss in VBA das Makro „zurücksetzen". dann kann er seinen Fehler in Ruhe korrigieren.

25 Index

26 Nachtrag
Ein Wort zu mir

Seit 1990 unterrichte ich Softwareprodukte von verschiedenen Herstellern aus verschiedenen Bereichen. Dabei zählt Excel zu meinen bevorzugten Programmen. Nicht nur, weil es in viele verschiedene Wissensgebiete eingreift, sondern auch, weil an dieses Produkt immer wieder neue Anforderungen gestellt werden, die es zu lösen gilt. Vielleicht, weil es in Excel oft ums Knobeln, Denken, Probleme Lösen, ... geht – ich habe Spaß daran.

Ich sehe übrigens auch nicht aus wie auf dem Foto – das Bild ist 5 x 3 cm groß und ziemlich flach – ich dagegen bin rund, habe Volumen und Format, bin etwas länger und nicht in Pixel auflösbar.

Und: gerne biete ich Ihnen Excel-Schulungen an. Und natürlich auch Schulungen im Bereich (Excel) VBA.

Weitere Infos über mich finden Sie auf meiner Seite www.compurem.de.

Und meinen Blog: www.excel-nervt.de

Neben meiner Unterrichtstätigkeit programmiere ich auch (beispielsweise VBA in Excel oder VS.NET mit Excel), schreibe Bücher und Zeitschriftenartikel und erstelle Lernvideos für video2brain und linkedIn Learning:

Hier einige der Lernvideos, die ich bei video2brain/ linkedIn Learning erstellt habe:

Daneben:

- Excel Makros
- Funktionen zum Nachschlagen und Verweisen
- Technische und mathematische Berechnungen
- Tipps, Tricks, Techniken

Und hier einige der Bücher, die ich geschrieben habe:

Excellent days

Am 12. und 13. finden in München die Excellent Days statt – 24 hervorragende Referate, durchgeführt von ausgezeichneten Referenten, die Ihnen auch zu einem persönlichen Gespräch zur Verfügung stehen.

Wenn Sie aus dem Bereich Banken, Controlling, Technik, Buchhaltung, Versicherung, Qualitätsmanagement, Support, Vertrieb, Statistik, … sind – oder sich einfach für Excel interessieren – dann sind Sie hier richtig.

Fragestellungen rund um Ihre Firmendaten, Revisionssicherheit, Business Intelligence – überhaupt Sicherheitsfragen rund um Excel, werden auf diesen beiden Tagen besprochen.

Weitere Informationen finden Sie auf unserer Seite www.munich-office-group.de

Mit dem Promocode „Zahlen/rechnen/Formeln" erhalten Sie einen Rabatt von 100,00 €.